Elogios a *Como Pensar de Forma Dire*

"*Como Pensar de Forma Direta e Inteligente* funciona como um ajuste de alto nível para o seu cérebro. O livro vai desobstruir suas engrenagens mentais, reiniciar seu motor cognitivo e colocá-lo no caminho certo para tomar decisões mais inteligentes."
— Daniel H. Pink, autor *best-seller* do *New York Times* de *The Power of Regret, Drive* e de *A Whole New Mind*.

"Existem por aí outros livros sobre erros típicos de vieses de pensamento, mas a obra de Ahn é notável. Ela não apenas limita a questão a oito grandes problemas de pensamento, o que faz com que o leitor se aprofunde em cada um deles, usando um estilo de escrita envolvente e coloquial, mas também oferece maneiras convincentes e baseadas em pesquisas para reduzir o impacto indesejado dos problemas. O resultado é um incrível golpe certeiro."
— Robert Cialdini, autor de *Influence and Pre-Suasion*, *best-seller* do *New York Times*

"O livro de Ahn é um guia fascinante, oportuno – e, creio eu, essencial – sobre como nossa mente erra e o que podemos fazer para pensar melhor. Com muitos exemplos divertidos e histórias que proporcionam reflexões importantes, este livro, escrito de maneira esplêndida é uma leitura obrigatória para quem quer compreender e superar as poderosas, mas invisíveis, armadilhas do pensamento que nos enganam."
— Laurie Santos, professora de Psicologia na Universidade de Yale e apresentadora do *The Happiness Lab*.

"Woo-kyoung Ahn usa exemplos criativos e envolventes para mostrar como compreender e melhorar nosso raciocínio."
– ANNA ROSLING RÖNNLUND, coautora de *Factfulness,*
best-seller do *New York Times.*

"*Como Pensar de Forma Direta e Inteligente* é a ferramenta para ser usada quando o pensamento humano falha e, ao contrário de muitos outros livros sobre o assunto, é acessível, envolvente e divertido de ler. O delicioso senso de humor de Woo-kyoung Ahn brilha quando ela usa histórias e exemplos divertidos para ilustrar de maneira convincente a causa dos erros de pensamento, por que eles são importantes e o que fazer a respeito. O livro está repleto de *insights* baseados em estudos sobre o funcionamento da mente, explicados com clareza e é acessível a todos, mas também conta com uma série de pérolas raras que leitores mais avançados irão apreciar."
– DANNY OPPENHEIMER, professor da Universidade
Carnegie Mellon e autor de *Democracy Despite Itself.*

COMO PENSAR DE FORMA DIRETA E INTELIGENTE

Woo-kyoung Ahn

COMO PENSAR DE FORMA DIRETA E INTELIGENTE

Lições Simples e Criativas para Transformar Nossa Maneira de Pensar, de Ver o Mundo e Viver a Vida

Tradução
Felipe de Gusmão Riedel

Título do original: *Thinking 101 – How to Reason Better to Live Better.*

Copyright © 2022 Woo-Kyoung Ahn

Publicado mediante acordo com Flatiron Books.

Agradecemos a permissão para reproduzir a arte na página 196 de: Shali Wu e Boaz Keysar, "The Effect of Culture on Perspective Taking", *Psychological Science* 18, nº 7 (2007).

Gráficos cortesia do autor.

Copyright da edição brasileira © 2024 Editora Pensamento-Cultrix Ltda.

1ª edição 2024.

Todos os direitos reservados. Nenhuma parte desta obra pode ser reproduzida ou usada de qualquer forma ou por qualquer meio, eletrônico ou mecânico, inclusive fotocópias, gravações ou sistema de armazenamento em banco de dados, sem permissão por escrito, exceto nos casos de trechos curtos citados em resenhas críticas ou artigos de revistas.

A Editora Cultrix não se responsabiliza por eventuais mudanças ocorridas nos endereços convencionais ou eletrônicos citados neste livro.

Editor: Adilson Silva Ramachandra
Gerente editorial: Roseli de S. Ferraz
Preparação de originais: Danilo Di Giorgi
Gerente de produção editorial: Indiara Faria Kayo
Editoração eletrônica: Join Bureau
Revisão: Claudete Agua de Melo

Dados Internacionais de Catalogação na Publicação (CIP)
(Câmara Brasileira do Livro, SP, Brasil)

Ahn, Woo-kyoung
  Como pensar de forma direta e inteligente: lições simples e criativas para transformar nossa maneira de pensar, de ver o mundo de viver a vida / Woo-kyoung Ahn; tradução Felipe de Gusmão Riedel. – 1. ed. – São Paulo: Editora Cultrix, 2024.

  Título original: Thinking 101: how to reason better to live better.
  ISBN 978-65-5736-296-9

  1. Autoajuda 2. Autoconhecimento (Psicologia) 3. Criatividade – Desenvolvimento 4. Desenvolvimento pessoal 5. Emoções - Aspectos psicológicos 6. Pensamentos 7. Psicologia I. Título.

24-192222   CDD-158.1

Índices para catálogo sistemático:
1. Pensamentos: Emoções: Psicologia 158.1
Aline Graziele Benitez – Bibliotecária – CRB-1/3129

Direitos de tradução para o Brasil adquiridos com exclusividade
pela EDITORA PENSAMENTO-CULTRIX LTDA., que se reserva a
propriedade literária desta tradução.
Rua Dr. Mário Vicente, 368 — 04270-000 — São Paulo, SP – Fone: (11) 2066-9000
http://www.editoracultrix.com.br
E-mail: atendimento@editoracultrix.com.br
Foi feito o depósito legal.

Para Marvin, Allison e Nathan

SUMÁRIO

Introdução 11

1. A ilusão da fluência: *Por que as coisas parecem ser tão fáceis?* 17

O efeito da fluência 19

A natureza adaptativa do efeito de fluência 26

Experimente 31

Quando não podemos testar as coisas: a falácia do planejamento ... 35

Os efeitos do otimismo e da fluência 39

Resumindo: reformando minha casa 42

2. Viés de confirmação: *Como podemos errar tentando fazer
a coisa certa* 45

Tarefa 2–4–6 de wason 47

Viés de confirmação 50

Por que o viés de confirmação é ruim para você? 56

Por que usamos o viés de confirmação? 67

Combatendo o viés de confirmação 69

3. O desafio da atribuição causal: *Por que não devemos ter tanta certeza quando damos crédito ou atribuímos culpa* 79

Referências que usamos para inferir causalidade 80

Pensamento excessivo e ruminação 99

4. Os perigos dos exemplos: *O que deixamos passar quando damos atenção às histórias* 105

Ciência de dados 101 109

Fazer o melhor uso de exemplos específicos 128

5. Viés negativo: *Como nosso medo da perda pode nos induzir ao erro* 133

Exemplos de viés de negatividade 134

Por que o viés de negatividade 149

Custos do viés de negatividade e o que podemos fazer 151

6. Interpretação tendenciosa: *Por que não conseguimos ver as coisas como elas são* 157

A natureza pervasiva das interpretações tendenciosas 160

Pessoas inteligentes podem ser mais susceptíveis aos vieses 165

Por que interpretamos fatos de maneira tendenciosa? 173

O que devemos fazer? 180

7. Os perigos da tomada de perspectiva: *Por que os outros nem sempre entendem o que é óbvio para nós?* 185

Quão mal nos comunicamos? 186

A maldição do conhecimento 189

Desconsideramos a outra perspectiva 194

O que funciona 199

O que não funciona 203

O que realmente funciona 208

8. O problema das recompensas futuras: *Como nosso eu do presente não compreende nosso eu do futuro* 211

    Recompensas futuras 212

    Por que não conseguimos esperar e como aprender a fazer isso ... 217

    Persistir ou não persistir 230

Epílogo 237

Agradecimentos 241

Notas 243

Índice Remissivo 255

INTRODUÇÃO

Durante minha pós-graduação na Universidade de Illinois em Urbana-Champaign, quando fiz minhas pesquisas de psicologia cognitiva, nosso grupo de estudos às vezes saía para comer nachos e tomar cerveja. Era uma ótima oportunidade para fazer ao nosso professor perguntas sobre questões que provavelmente não viriam à tona durante nossas aulas formais. Numa dessas ocasiões, criei coragem para fazer uma pergunta que rondava minha mente havia algum tempo: "O senhor acha que psicologia cognitiva pode tornar o mundo um lugar melhor?".

Achei minha pergunta um tanto estranha: como já havia comprometido minha vida a esta área de estudo, era um pouco tarde para fazer este questionamento. No entanto, ainda que naquela época eu já tivesse apresentado minhas descobertas em conferências de ciências cognitivas ao redor do mundo e estivesse a caminho de publicá-las em respeitadas revistas de Psicologia, enfrentava dificuldade para explicar as implicações reais do meu trabalho para meus amigos da época do ensino médio. Naquele dia em particular, depois de ter me esforçado para ler um artigo em que o principal objetivo dos autores era mostrar como eles eram inteligentes ao abordar problemas complicados que não existiam no mundo real, finalmente encontrei coragem para levantar essa questão, com ajuda de algumas cervejas.

Nosso orientador era famoso por seu sarcasmo. Quando eu perguntava a ele: "Devo fazer A ou B na minha próxima pesquisa?", ele me respondia com um enigmático "sim" ou mudava o sentido da pergunta e dizia: "O que você acha?". Dessa vez, era uma simples pergunta de "sim ou não", e ele escolheu uma resposta simples: "sim". Meus colegas de estudo e eu ficamos em silêncio por um tempo que pareceu ter durado cinco minutos, esperando que ele elaborasse algum raciocínio, mas ele não foi além daquilo.

Ao longo dos trinta anos seguintes, eu mesma venho tentando responder a essa pergunta trabalhando em problemas que tenham aplicação no mundo real. Em minha pesquisa na Universidade de Yale, onde sou professora de Psicologia desde 2003, examinei algumas crenças que podem nos desviar do caminho – e desenvolvi estratégias para corrigir o rumo que podem ser aplicadas diretamente em nossas rotinas.

Além das crenças específicas que escolhi pesquisar, também explorei uma série de outros "problemas de pensamento" do mundo real que podem causar problemas para mim e para aqueles ao meu redor – alunos, amigos, família. Vi como meus alunos procrastinam porque subestimam a dor de fazer uma tarefa no futuro em vez de fazê-la agora. Uma aluna me contou sobre um médico que a diagnosticou de modo errado porque ele somente fez perguntas que confirmavam sua hipótese inicial. Notei a infelicidade das pessoas que se culpam por todos os seus problemas porque só veem um lado da realidade e a infelicidade causada por outras que nunca se veem como sendo responsáveis por qualquer coisa. Testemunhei a frustração de casais que pensavam estar se comunicando com perfeita clareza quando na verdade mal se entendiam.

Também vi como os "problemas do pensamento" podem causar complicações que vão muito além da vida dos indivíduos. Esse tipo de erro ou crença de pensamento contribui para uma ampla gama de questões sociais, incluindo polarização política, coparticipação nas mudanças climáticas, preconceito racial, violência policial e quase todos os outros problemas decorrentes de estereótipos e preconceitos.

Desenvolvi um curso chamado "Thinking" ["Pensando"] para mostrar aos alunos como a psicologia pode ajudá-los a reconhecer e enfrentar alguns desses problemas do mundo real e tomar melhores decisões em suas vidas. Ele aparentemente atendeu a uma demanda, pois mais de 450 alunos se matricularam no curso, só em 2019. Parecia que eles ansiavam pelo tipo de orientação que a psicologia poderia fornecer, e um foi contando ao outro sobre as aulas. Foi então que percebi algo curioso: alguns familiares de alunos que estavam visitando o *campus* me contaram que os alunos do meu curso ligavam para casa para falar como estavam aprendendo a lidar com os problemas em suas vidas – e que alguns até começaram a aconselhar outros familiares, inclusive seus pais. Colegas me disseram que ouviram estudantes no refeitório debatendo de maneira acalorada as implicações de alguns dos experimentos debatidos no curso. Em conversas sobre os assuntos abordados nas aulas com alunos de outros cursos, a pergunta onde poderiam aprender mais a respeito daqueles temas era frequente. Tudo sugeria que as pessoas realmente queriam essas ferramentas e precisavam delas, de modo que decidi escrever um livro para tornar algumas delas mais amplamente disponíveis.

Selecionei oito tópicos que achei mais relevantes para nossa vida diária. Problemas que meus alunos e outras pessoas (inclusive eu!) enfrentam no dia a dia. Cada capítulo abrange um deles e, embora possa ter citado alguma passagem do livro quando achei relevante, os capítulos foram escritos para ser lidos em qualquer ordem.

Embora eu aborde erros e vieses de pensamento, este livro *não* trata do que há de errado com as pessoas. "Problemas de pensamentos" acontecem porque estamos conectados de maneiras muito particulares, e muitas vezes há boas razões para isso. Erros de raciocínio são principalmente subprodutos da nossa cognição altamente evoluída, que nos permitiu chegar tão longe como espécie e sobreviver e prosperar no mundo. Como resultado, as soluções para esses problemas nem sempre estão facilmente disponíveis. De fato, tentar eliminar crenças e vieses de pensamento é algo extremamente desafiador.

Além disso, para evitar esses erros e tendências de maneira efetiva, não basta aprender o que são e se esforçar para lembrar que não devemos cometê-los. É como quando temos insônia, sabemos exatamente qual é o problema... não conseguimos dormir. Mas dizer para quem tem insônia que a pessoa deve dormir nunca será a solução para o problema. Do mesmo modo, embora algumas das crenças abordadas neste livro já sejam familiares para você, precisamos de soluções melhores do que simplesmente dizer: "Não faça mais isso". Felizmente, como um número crescente de estudos atestam, existem estratégias que podem ser adotadas para raciocinar melhor. Essas estratégias também podem nos ajudar a descobrir o que não podemos controlar e até mesmo mostrar como soluções que a princípio pareciam promissoras podem dar errado no final.

Este livro é baseado em pesquisas científicas, principalmente de outros psicólogos cognitivos, mas também de alguns estudos que eu mesma realizei. Muitas pesquisas que cito são consideradas clássicas, que resistiram ao tempo, outras apresentam resultados de estudos mais recentes. Assim como faço em meu curso, dou vários exemplos tirados de áreas muito diferentes de nossa vida para ilustrar cada ponto. Há uma razão para isso, e você vai descobrir por quê.

Então, voltando à pergunta que fiz ao meu professor: "A psicologia cognitiva pode tornar o mundo um lugar melhor?". Desde que me fiz esse questionamento pela primeira vez, venho cada vez acreditando mais que a resposta é, de fato, aquela que meu orientador nos deu tão apropriadamente: "Sim". Definitivamente, sim.

1

A ILUSÃO DA FLUÊNCIA

Por que as coisas parecem ser tão fáceis?

O auditório Levinson, com 450 assentos, é um dos maiores auditórios da Universidade de Yale, e quando meu curso de graduação intitulado "Thinking" ["Pensando"] aconte-ce, às segundas-feiras e quartas-feiras das 11h35 às 12h50, quase todos os lugares ficam ocupados. A palestra de hoje sobre excesso de confiança provavelmente vai ser bem divertida, porque quero convidar alguns alunos para virem ao palco para dançarem um ví-deo de K-pop.

Começo minha palestra descrevendo o que é o efeito acima da média. Explico a eles usando exemplos reais: quando pediram para um milhão de estudantes do ensino médio para avaliarem suas habi-lidades de liderança, 70% afirmaram que elas estavam acima da mé-dia e 60% se colocaram entre os 10% mais bem classificados em termos de capacidade de liderar outras pessoas. Quando professores universitários foram questionados sobre suas habilidades de ensino, dois terços se colocaram entre os 25% melhores. Depois de apresen-tar esses e outros exemplos de autoavaliação excessivamente genero-sa, faço uma pergunta aos meus alunos: "Qual porcentagem de norte-americanos você acha que afirma ser melhor motorista do que a média da população?". Os alunos arriscam números mais altos do que os que eu havia apresentado até então, como 80 ou 85%, rindo, porque acreditam serem percentuais exagerados. Mas o que se descobre é que seus palpites ainda estão aquém da realidade: a resposta certa é 93%.

Para ensinar aos alunos sobre os vieses presentes no nosso pensamento, não basta simplesmente apresentar resultados de estudos. Tento fazê-los experimentar esses vieses por si mesmos, para que não sejam vítimas da tendência de dizer "eu, não", aquela ideia de que, embora os outros possam ter certos vieses cognitivos, nós seríamos imunes a eles. Por exemplo, um aluno pode pensar que não é exageradamente confiante porque às vezes se sente inseguro. Outra aluna pode achar que é uma pessoa realista simplesmente por ter o costume de acertar suas notas nas provas, fazendo com que acredite que também é realista analisar suas habilidades de liderança, relacionamentos interpessoais ou de condução de veículos.

Mostro para a turma um clipe de seis segundos da música "Boy with Luv" do BTS, um vídeo com mais de 1,4 bilhão de visualizações no YouTube. Escolhi propositalmente uma parte em que a coreografia não é muito técnica (se você já encontrou o videoclipe oficial, ela está entre 1:18 e 1:24 minutos).

Depois de reproduzir o clipe, digo aos alunos que quem conseguir reproduzir a dança dessa parte do vídeo vai ganhar um prêmio. Assistimos ao trecho mais dez vezes. Até mostro uma versão mais lenta que foi especialmente criada para ensinar as pessoas a dançar a música. Então solicito voluntários. Dez alunos corajosos caminham para a frente do auditório em busca da fama, enquanto o resto aplaude ruidosamente. Tenho certeza de que centenas deles também pensam que podem reproduzir os passos. Depois de assistir ao clipe tantas vezes, até eu sinto que poderia fazê-lo – afinal, são apenas seis segundos. Não deve ser tão difícil.

O público exige que os voluntários fiquem de frente para eles, não para a tela. A música começa a tocar. Os voluntários mexem os braços, pulam e chutam em momentos totalmente diferentes. Um faz passos de dança aleatórios. Alguns desistem depois de três segundos. Todos no auditório riem histericamente.

O EFEITO DA FLUÊNCIA

Coisas que nossa mente pode processar com facilidade causam excesso de confiança. Esse efeito da fluência pode surgir de várias maneiras.

A Ilusão da Aquisição de Habilidades

A aula em que uso o vídeo do BTS foi criada a partir de um estudo sobre a ilusão da fluência que pode ocorrer quando estamos aprendendo novas habilidades. No estudo, os participantes assistiram a um videoclipe de seis segundos do Michael Jackson fazendo o *moonwalk*, no qual ele parece estar andando para trás sem levantar os pés do chão. Os passos não parecem complicados, e ele os executa com tanta facilidade que nem parece estar pensando neles.

Alguns participantes assistiram ao clipe uma vez, enquanto outros assistiram vinte vezes. Em seguida, pediram para eles avaliarem o quão bem achavam que poderiam fazer o *moonwalk*. Aqueles que assistiram ao vídeo vinte vezes estavam significativamente mais confiantes de que poderiam fazê-lo do que aqueles que o assistiram apenas uma vez. Por terem visto tantas vezes, acreditavam que haviam memorizado cada pequeno movimento e poderiam facilmente reproduzi-los em suas cabeças. Mas quando o momento da verdade chegou e os participantes foram convidados a fazer o *moonwalk*, não houve absolutamente nenhuma diferença entre o desempenho dos dois grupos. Assistir a Michael Jackson fazer o *moonwalk* vinte vezes sem praticar não faz você executar o passo de modo melhor do que alguém que só o viu uma vez.

As pessoas muitas vezes caem na ilusão de que são capazes de realizar algo difícil depois de ver alguém realizá-lo sem esforço. Quantas vezes nós repetimos uma canção como a de Whitney Houston "and A-I-A-I-O-A-I-A-I-A will always love you" em nossa mente, pensando que não pode ser tão difícil atingir essa nota alta? Ou tentou fazer um suflê depois de ver alguém no YouTube fazendo? Ou começou uma dieta depois de ver aquelas fotos de antes e depois de outras pessoas?

Quando vemos produtos finais, pessoas fazendo algo de maneira fluente, magistral ou aparentemente normal, como um suflê delicioso ou uma pessoa em boa forma, cometemos o erro de acreditar que o processo que as levou a esses resultados também deve ter sido simples, tranquilo e fácil. Quando você lê um livro que é fácil de entender, pode parecer que ele também deve ter sido fácil de escrever. Se uma pessoa nunca fez patinação artística, ela pode se perguntar por que uma patinadora cai ao tentar executar um axel duplo quando tantos outros patinadores fazem isso sem esforço. É fácil esquecer quantas vezes aquele livro foi revisado ou quanta prática foi necessária para executar um axel duplo. Como Dolly Parton disse: "Custa muito dinheiro parecer tão barato".

As TED Talks fornecem outro ótimo exemplo de como podemos ser enganados pela fluência. Essas palestras geralmente têm dezoito minutos de duração, e seus roteiros têm apenas seis ou oito páginas. Como os palestrantes devem ser especialistas nos temas que abordam, pode-se ter a impressão de que a preparação para uma palestra tão curta seria algo simples. Talvez alguns palestrantes apenas improvisem. No entanto, de acordo com as diretrizes do TED, os palestrantes devem dedicar semanas ou mesmo meses para se preparar. Os *coaches* de palestras afirmam que é necessário ensaiar pelo menos uma hora para cada minuto de fala em uma TED. Em outras palavras, é preciso ensaiar a palestra sessenta vezes. E essas vinte horas, ou mais, são apenas para ensaios, sem incluir as horas, dias ou semanas necessários para descobrir o que incluir nessas seis ou oito páginas de roteiro e, ainda mais importante, o que excluir.

Apresentações curtas são mais difíceis de serem preparadas do que as longas, porque você não tem tempo para pensar na próxima frase ou achar o caminho para uma transição perfeita. Certa vez, perguntei a um ex-aluno se ele achava que Yale o havia preparado bem para trabalhar em uma prestigiosa empresa de consultoria. Ele disse que a única coisa que gostaria de ter aprendido era como convencer um cliente em três minutos. Essas são as apresentações mais difíceis de se fazer, cada palavra conta – mas parecem muito fáceis quando feitas com qualidade.

A Ilusão do Conhecimento

A ilusão da fluência não se limita a habilidades como dançar, cantar ou dar palestras. Há um segundo tipo situado na esfera do conhecimento. Damos mais credibilidade a novas descobertas quando entendemos como elas foram feitas.

Vamos tomar como exemplo a fita adesiva conhecida como "Silver Tape". Ela é usada para quase tudo, desde tapar um furo no tênis até segurar uma bainha de emergência nas calças. Alguns estudos mostram que essa fita adesiva também é capaz de remover verrugas tão bem quanto ou até melhor do que ocorre com o tratamento-padrão com nitrogênio líquido. É difícil de acreditar, mas só até você ouvir a explicação: as verrugas são causadas por um vírus que morre quando privado de ar e luz solar. É exatamente isso que acontece quando uma verruga é coberta com fita adesiva. O poder do tratamento com *Silver Tape* se torna muito mais crível quando a pessoa entende o porquê da sua eficácia.

Alguns dos meus primeiros estudos foi sobre esse tipo de fenômeno: a maior disposição das pessoas a deduzir uma causa de uma correlação quando são capazes de visualizar os mecanismos de ação. Embora os dados reais permaneçam os mesmos, estamos muito mais dispostos a chegar a uma conclusão causal quando podemos visualizar o processo pelo qual um resultado é gerado. Não há problema nisso, a menos que o mecanismo de ação esteja errado. Quando estamos convencidos de que entendemos o processo de ação, e ele está errado, é bem provável que cheguemos a uma conclusão causal incorreta.

Deixe-me dar um exemplo específico. Ao seguir essa linha de pesquisa, me deparei com um livro intitulado *The Cosmic Clocks: From Astrology to a Modern Science*, escrito na década de 1960 por um autodenominado "neoastrólogo" chamado Michel Gauquelin. O livro começa com uma apresentação de estatísticas (embora algumas delas sejam questionáveis, mas para fins de demonstração vamos supor que todas sejam verdadeiras). Por exemplo, Gauquelin diz que aqueles que nasceram logo após a ascensão e o ápice de Marte – o que quer que isso signifique – são mais propensos a se tornarem médicos, cientistas ou atletas de ponta. Ele tinha centenas, até milhares de exemplos e usava cálculos estatísticos sofisticados para tirar conclusões. Mas ainda afirmava ser um cético, que ficou intrigado com suas próprias descobertas e resolveu procurar uma explicação. Ele descartou a hipótese menos científica de que os planetas de algum modo dão certos talentos especiais aos bebês no momento do parto. Em vez disso, ele ofereceu uma explicação mais convincente. Até certo ponto ele concordou que nossas personalidade, traços e inteligência são inatos, o que significa que já estão presentes em nós quando estamos no útero. Os fetos enviam sinais químicos quando estão prontos para nascer, iniciando o trabalho de parto. E fetos com traços de personalidade particulares sinalizam quando estão prontos para o trabalho de parto em resposta a forças gravitacionais sutis que são determinadas por eventos extraterrestres. Dada uma explicação tão elaborada, mesmo um cético pode errar, mudando sua resposta de "de jeito nenhum" para um "hum, pode ser...".

Talvez a ilusão do conhecimento explique por que algumas teorias da conspiração são tão persistentes. A teoria de que Lee Harvey Oswald assassinou John F. Kennedy cumprindo ordens da CIA pode parecer absurda, mas quando uma explicação é acrescentada (que a CIA estava preocupada com a maneira como o presidente estava lidando com o comunismo) ela fica mais plausível. A teoria de QAnon, segundo a qual o presidente Trump estaria lutando secretamente contra uma cabala de pedófilos e canibais satânicos que estariam escondidos no "Estado Profundo" veio de uma fonte autonomeada de "Q", cuja autorização de segurança de alto nível teria lhe dado acesso ao funcionamento interno do governo. Claro, nada disso é verdadeiro, mas a ilusão do conhecimento criada pelo Q ao espalhar *posts* com jargões operacionais convenceu muitas pessoas de que era real.

Ilusão Criada a Partir de Algo Irrelevante

O terceiro tipo de efeito da fluência é o mais insidioso e irracional de todos. O que descrevi até agora são os efeitos de fluência percebida em questões próxima de nós. A fluência percebida em uma tarefa iminente nos faz subestimar a dificuldade de executá-la. Explicações sobre a lógica por trás de certas alegações, ainda que falaciosa, as tornam mais aceitáveis – mesmo que a conclusão não tenha mudado. Mas nossos julgamentos também podem ser distorcidos pela fluência percebida de fatores que são completamente irrelevantes para os fatos que queremos avaliar.

Por exemplo, um estudo examinou se os nomes das ações podem afetar as expectativas das pessoas quanto ao seu desempenho na bolsa de valores. Sim, existem efeitos da fluência nos nomes. No início, os pesquisadores usaram nomes inventados que foram criados para serem fáceis de pronunciar (Flinks, Tanley), enquanto outros eram menos pronunciáveis (Ulymnius, Queown). Embora os participantes não tenham recebido nenhuma outra informação, eles julgaram que as ações com os nomes mais pronunciáveis (ou seja, fluentes) se sairiam melhor, enquanto as ações com nomes menos pronunciáveis (ou seja, que não tem fluência) se desvalorizariam.

Eles também analisaram os nomes de ações verdadeiras (Southern Pacific Rail Corp. *versus* Guangshen Railway Co., por exemplo) e acompanharam as mudanças nos preços das ações na Bolsa de Valores de Nova York. As ações cujos nomes eram fáceis de pronunciar se saíram melhor do que as de difícil pronúncia. Imagine alguém que tivesse investido nas dez ações com nomes mais fluentes e nas dez ações com nomes menos fluentes. As ações com nomes mais fluentes renderam US$ 113, US$ 119, US$ 277 e US$ 333 a mais do que as com nomes menos fluentes, depois de terem sido negociadas por um dia, uma semana, seis meses e um ano, respectivamente.

Alguns leitores podem pensar que isso aconteceu simplesmente porque as empresas com nomes de difícil pronúncia soavam como empresas estrangeiras para as pessoas que as negociavam na Bolsa de Valores americana. Assim, no estudo final, os pesquisadores analisaram a pronunciabilidade dos códigos de três letras das ações das empresas. Alguns, como KAR para KAR Global, podem ser lidos como palavras, enquanto outros, como HPQ para Hewlett-Packard, não podem. De modo surpreendente, as empresas cujos códigos de ações eram de fácil leitura tiveram um desempenho significativamente melhor tanto na Bolsa de Valores de Nova York quanto na

Bolsa de Valores americana do que as empresas com códigos não pronunciáveis. A relativa fluência de seus códigos não deve ter absolutamente nada a ver com sua qualidade como empresa – é algo completamente arbitrário – mas os investidores valorizavam mais as empresas com códigos que podiam ser pronunciados como palavras do que aquelas com códigos impronunciáveis.

Caso você não acompanhe o mercado de ações, vamos falar sobre um efeito de fluência oculta criada por buscas na internet. Hoje em dia, podemos pesquisar qualquer coisa no Google. Mas a desvantagem de ter acesso a informações especializadas é que elas geram excesso de confiança. Isso faz com que as pessoas pensem que têm mais conhecimento do que de fato têm, mesmo quando se trata de assuntos sobre os quais nunca pesquisaram no Google.

Os participantes de um estudo precisavam responder a duas perguntas: "Por que existem anos bissextos?" e "Por que a Lua tem fases?". Metade dos participantes foi instruída a procurar as respostas na internet, enquanto a outra metade não foi autorizada a pesquisar. Então, na segunda parte do estudo, todos os participantes foram apresentados a novas perguntas: "O que causou a Guerra Civil norte-americana?" e "Por que o queijo suíço tem buracos?". Essas perguntas não estavam relacionadas às perguntas feitas durante a primeira parte do estudo, então os participantes que usaram a internet não tinham nenhuma vantagem sobre aqueles que não usaram. Você deve estar pensando que ambos os grupos de participantes se classificariam de maneira igual quanto ao nível de certeza sobre quão bem eles poderiam responder às novas perguntas. Mas aqueles que usaram a internet na primeira fase se classificaram como mais aptos a responderem do que aqueles que não usaram, mesmo que não tenham pesquisado as respostas da segunda fase no Google. Ter acesso a informações não relacionadas foi suficiente para inflar a confiança intelectual dos participantes.

A NATUREZA ADAPTATIVA
DO EFEITO DE FLUÊNCIA

Mesmo que eu entenda o efeito da fluência, às vezes sou vítima dele. Certa vez, assisti a um vídeo de quarenta minutos no YouTube sobre como escovar um cachorro de pelo longo. Depois de passar mais quarenta improdutíveis minutos tentando arrumar o pelo do meu cachorro, passei a discordar da afirmação do American Kennel Club de que "todo Bichon Havanês é fofo, não importa como você o escove".

Também sou ingênua quando se trata de revistas de jardinagem. Sempre que vejo as fotos com jardins impecáveis, especialmente hortas, compro uma quantidade absurda de sementes, que cobririam um hectare de terra (área que não tenho), e as germino usando luzes especiais. Considerando o tempo e dinheiro investidos, eu acabo tendo muito pouco para apresentar. No ano passado eu colhi apenas quatro pimentas e consegui couve suficiente para três pratos de salada. Mas tudo parece ser tão fácil de se fazer quando olhamos as revistas!

Ensino e pesquiso viés cognitivo há mais de trinta anos, mas ainda assim fui enganada pela demonstração fluente e aparentemente simples do especialista em animais do YouTube e pelas fotos maravilhosas de jardins florescentes. O objetivo de aprender sobre vieses cognitivos não é ser capaz de reconhecê-los e evitá-los? Se sou de fato uma especialista, não deveria estar imune a eles?

A resposta é que podemos continuar suscetíveis a vieses cognitivos mesmo depois de aprendermos sobre eles, porque a maioria deles (ou talvez todos) são subprodutos de mecanismos altamente adaptativos que evoluíram ao longo de milhares de anos para ajudar na nossa sobrevivência como espécie. Não podemos simplesmente desativá-los.

O efeito de fluência decorre de um processo simples e direto que os psicólogos cognitivos chamam de metacognição, que significa saber se você sabe alguma coisa ou não, como por exemplo se sabe nadar ou se sabe sobre financiamentos imobiliários com taxa de juros fixas. A metacognição é um componente muito importante da cognição. Se você não sabe nadar, sabe que não deve entrar em uma piscina muito funda, mesmo que precise se refrescar em um dia quente. Se a ideia de "financiamentos imobiliários com taxa de juros fixas" não soa familiar para você, então você sabe que deve descobrir do que se trata antes de contratar um financiamento desse tipo. A metacognição guia nossas ações: saber o que sabemos nos diz o que precisamos evitar, o que devemos procurar ou se devemos mergulhar ou não em uma piscina. Não podemos viver sem ela.

Um dos sinais mais evidentes da metacognição é o sentimento de familiaridade, de facilidade ou de fluência. Estamos familiarizados com coisas que sabemos e que podemos fazer. Se pergunto a você se conhece o sr. John Robertson, você pode dizer "sim", "não", ou "talvez", dependendo do quão familiar esse nome lhe soe. Se você estiver em uma locadora de veículos em um país estrangeiro que só tem carros com transmissão manual, você consegue discernir se saberá dirigi-los com base na sua familiaridade com o ato de apertar a embreagem com o pé esquerdo enquanto troca de marcha com a mão direita.

Mas a familiaridade é apenas uma heurística, uma regra prática ou uma maneira rápida e fácil de encontrar respostas suficientemente boas sem muito esforço. Por exemplo, para determinar se você pode financiar uma casa, uma regra bem conhecida é a dos 28%. A parcela do financiamento não pode exceder 28% da sua renda mensal. Heurísticas não garantem soluções perfeitas. A regra dos 28% é apenas uma diretriz e, em última análise, se você pode ou não se dar ao luxo de comprar uma casa depende de vários outros fatores. Do mesma modo, usar familiaridade ou fluência para julgar a partir da metacognição é um atalho que usamos para situações em que não podemos validar sistematicamente o que sabemos. Não podemos testar se sabemos nadar toda vez que precisamos decidir se podemos ou não entrar em uma piscina, então é mais fácil confiar em nosso sentimento de familiaridade.

O problema é que uma heurística que nos ajuda na maior parte das vezes pode de vez em quando nos prejudicar, como acabamos de ver. Uma pessoa pode ficar altamente familiarizada com o *moonwalking* depois de assistir a um vídeo vinte vezes, e essa sensação de familiaridade ou fluência pode induzi-la a pensar que ela mesma sabe fazer o passo de dança. Da mesma maneira, imaginar o processo de plantar sementes no solo, fertilizá-las e regá-las para depois colher legumes frescos e deliciosos é fácil, o que cria a ilusão de que temos jeito para a jardinagem – e isso acontece até com uma professora que dá aulas sobre viés cognitivo.

Embora a fluência ou heurística de familiaridade às vezes nos desvie da realidade, é uma ferramenta muito útil para nos lembrar do que realmente sabemos. Talvez seja por isso que os humanos confiem tanto nela – os benefícios da metacognição superam os prejuízos das ilusões que às vezes ela causa. OK, isso foi denso e abstrato, então para deixar as coisas mais concretas, vamos repassar isso novamente, usando uma analogia de uma ilusão visual bem conhecida, como Daniel Kahneman, ganhador do Prêmio Nobel de Economia, fez em seu famoso livro *Rápido e Devagar: Duas Formas de Pensar*.

As imagens do mundo que vemos com nossos olhos são projetadas em uma tela plana chamada retina, uma camada de tecido sensível à luz na parte de trás de nossos globos oculares. Como a retina é plana, as imagens que nosso cérebro recebe através dela são bidimensionais. O dilema aqui é que o mundo é 3D. Para perceber o mundo em 3D, o sistema visual do cérebro utiliza vários sinais. Um deles é chamado de perspectiva linear, que é quando as linhas paralelas parecem convergir para um único ponto distante, como mostrado na figura. Nosso sistema visual supõe automaticamente que sempre que vemos duas linhas convergindo em direção a um ponto de fuga, o objeto mais próximo desse ponto de fuga (linha A na figura) deve estar mais distante de nós do que um objeto em primeiro plano (linha B na figura). Como sabemos que os objetos mais distantes parecem menores, quando vemos duas linhas horizontais idênticas colocadas em perspectiva linear, nosso sistema visual supõe que a mais próxima do ponto de fuga deve ser maior. Na verdade, a linha A e a linha B têm exatamente o mesmo comprimento, mas nosso sistema visual "pensa" que A deve ser maior do que de fato é. Isso é chamado de ilusão de Ponzo, em homenagem a Mario Ponzo, o psicólogo italiano que demonstrou esse experimento pela primeira vez. Você pode verificar com uma régua ou mesmo com seu dedo que A e B têm exatamente o mesmo comprimento; mesmo assim, você ainda verá a linha A mais longa. Do mesmo modo, ilusões cognitivas, como o efeito da fluência, podem persistir mesmo depois que você entende que são ilusões.

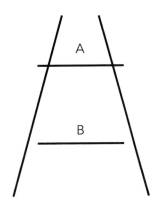

Além disso, dizer que devemos sempre ignorar nossa sensação de fluência para que não nos tornemos confiantes demais seria tão absurdo quanto dizer que nunca devemos usar a perspectiva linear, mas simplesmente perceber o mundo como algo plano para que possamos superar a ilusão de Ponzo. As ilusões surgem por meio de diversos sinais e métodos que nosso sistema cognitivo adaptou para nos permitir navegar em um mundo incerto com infinitas possibilidades. Obviamente, vale a pena viver com a ilusão de Ponzo se o que a ocasiona também nos permite perceber as estruturas 3D do mundo. Da mesma maneira, é melhor ser capaz de julgar o que sabemos ou não confiando em nossa sensação de fluência, mesmo que ela ocasionalmente nos desvie da realidade.

A analogia das ilusões visuais cessa por aí, e raramente prejudica alguém. Mas o excesso de confiança sem evidências reais pode ter consequências muito mais sérias do que prejudicar temporariamente a aparência de um Bichon Havanês ou gastar cinquenta vezes mais em quatro pimentas do que se as comprasse em um hortifrúti. Você pode estragar a apresentação que o levaria ao cargo que tanto almeja porque não se preparou de maneira adequada para ela ou perder suas economias ao superestimar a fluência do nome de uma ação na bolsa de valores. Ou até mesmo invadir o Capitólio dos EUA porque acredita piamente nas histórias que ouviu do QAnon.

Mas apenas aprender e compreender que os efeitos da fluência podem ser prejudiciais não é suficiente. É como quando uma pessoa engorda de maneira indesejada: uma vez que nosso corpo é programado – por boas razões – para nos fazer desejar comida, precisamos ir além de apenas pensar que devemos comer menos e implantar estratégias concretas para neutralizar esse desejo. Então, é realmente possível contornar o efeito da fluência apesar da nossa metacognição? A resposta é sim.

EXPERIMENTE

Embora os efeitos da fluência sejam resultado de adaptações do nosso sistema cognitivo, isso não quer dizer que não seja possível superá-los. Uma solução simples é testar uma tarefa antecipadamente. Leia a sua apresentação em voz alta antes de apresentar-se em público. Faça o suflê antes de convidar o pai da sua namorada para jantar. Cante "I Will Always Love You" para si mesmo no espelho do banheiro antes de cantá-la na festa de fim de ano da empresa na frente do seu chefe. Você não precisa do *feedback* de outras pessoas para quebrar a ilusão, você mesmo é capaz de fazer isso. Eu não acho que algum daqueles dez alunos que dançaram na frente de toda a classe no auditório Levinson ainda acham que poderiam executar uma coreografia do K-pop sem praticá-la antes.

Testar nossas habilidades pode parecer uma solução óbvia, mas, surpreendentemente, muitos de nós não fazemos isso. Algumas pessoas pensam que estão testando suas habilidades quando na realidade simplesmente estão executando o processo na mente, não fazendo uso do corpo físico. Quando você se imagina dançando ou fazendo uma apresentação para seu cliente, você está reforçando a ilusão. Tudo flui de modo suave em sua simulação mental, alimentando ainda mais o excesso de confiança. É preciso de fato escrever sua apresentação, palavra por palavra, e dizê-las em voz alta usando sua língua e cordas vocais, ou executar cada movimento da dança usando seus braços, pernas e quadris.

A importância de ensaiar não se limita à aquisição de habilidades. Frequentemente, confiamos demais na dimensão do nosso conhecimento – achamos que sabemos mais do que de fato sabemos. Um estudo demonstrou que falar a respeito do conhecimento pode reduzir nosso excesso de confiança, mesmo quando ninguém nos dá *feedback*. Nesse estudo, os participantes foram primeiro convidados a avaliar o quão bem sabem como certas coisas funcionam, como por exemplo um vaso sanitário, uma máquina de costura e um helicóptero. Em uma escala de sete pontos, em que 1 é "não sei nada" e 7 é "sei exatamente como funciona", que nota você daria para si mesmo em relação ao vaso sanitário, à máquina de costura e ao helicóptero? Estamos todos familiarizados com esses objetos e já vimos como funcionam. Mesmo que não sejamos capazes de construir um deles do zero, de certo modo sabemos como funcionam e o que fazem. Em particular, sabemos exatamente como dar descarga. No estudo, o participante médio se classificou no meio da escala, ou seja, em torno de 4. Pode parecer que não há excesso de confiança nesse resultado, mas há, sim, e ele é resultado da ilusão da fluência.

Para chegar a essa conclusão por si mesmo, basta selecionar um dos objetos, digamos, um helicóptero. Anote ou diga em voz alta sua explicação descrevendo o passo a passo de como ele funciona. Agora faça uma autoavaliação do quão bem você sabe a respeito do funcionamento de um helicóptero. A maioria dos participantes que fizeram o que você acabou de fazer ficou muito menos confiante sobre o quanto sabiam. Tentar explicar o que achavam que sabiam foi o suficiente para fazê-los perceber que não compreendiam muito a respeito. Pode-se ir ainda mais longe; no estudo os participantes tiveram de responder a perguntas específicas, por exemplo: "Como um helicóptero que está parado no ar vai para a frente?". A cada pergunta, os participantes ficavam mais humildes quanto ao seu conhecimento. Infelizmente, esse tipo de verificação da realidade pode ocorrer durante uma entrevista de emprego. Conhecemos bem as perguntas que os entrevistadores costumam fazer aos candidatos: "Por que você está se candidatando para esta vaga?" ou "Quais são seus pontos fortes e fracos?". Você acha que sabe exatamente o que dizer. Já esperava que o entrevistador lhe perguntasse isso. Fica confiante pois estava preparado para dizer quais são seus pontos fortes e sabe que um deles é sua habilidade organizacional. Mas em seguida o entrevistador aprofunda a pergunta: "Você pode me dar alguns exemplos?". De repente seu cérebro fica paralisado e você só consegue pensar na última vez que organizou em ordem alfabética a prateleira de temperos da sua casa. Então ele pergunta: "Como isso vai ajudá-lo nesta função?". Aí você percebe que nunca vai saber essa resposta, porque não será contratado.

Falar e refletir sobre possíveis respostas a perguntas práticas é fundamental, porque isso as torna concretas e reais. Depois de escrevê-las, voce pode fazer de conta que elas são de outra pessoa e avaliar se daria o emprego a ela. Você também pode filmar a si mesmo. Eu sei, eu sei, é horrível assistir a si mesmo em um vídeo. Mas não tenha dúvidas de que é bem melhor que você avalie a si mesmo respondendo antes que alguém com poder de decisão faça isso.

Além das vantagens pessoais de melhorar suas apresentações, habilidades de entrevista de emprego e evitar constrangimentos em festas de fim de ano, reduzir seu excesso de confiança também pode ajudar a sociedade em geral. Um estudo demonstrou que avaliar suas convicções pode reduzir o extremismo político. Muitos temos opiniões fortes sobre várias questões sociais, como aborto, auxílio aos mais carentes e mudanças climáticas. Infelizmente, muitas vezes não percebemos como sabemos pouco sobre essas questões até que nos pedem para explicá-las.

Nesse estudo, foram apresentadas aos participantes várias políticas públicas e sociais, incluindo a imposição de sanções unilaterais ao Irã por seu programa nuclear, o aumento da idade mínima para aposentadorias, o estabelecimento de um sistema limitando as emissões de carbono e a instituição de um imposto nacional fixo. Os participantes tiveram de declarar sua opinião sobre elas, ou seja, o quanto eram a favor ou contra cada uma, e foi solicitado que avaliassem seu grau de compreensão sobre os impactos de cada uma das políticas.

Em seguida, como no estudo anterior sobre helicópteros, os participantes foram instruídos a escrever sobre quais seriam esses impactos. Depois que eles terminaram a redação, foi pedido para que reavaliassem sua compreensão de cada política. Como no estudo anterior, a confiança deles diminuiu. Ter de explicar o que achavam que sabiam por escrito foi o suficiente para fazê-los perceber quão superficial era sua compreensão sobre as políticas apresentadas. Os resultados foram muito semelhantes aos registrados no estudo com o helicóptero.

O mais notável aconteceu na última parte do experimento, quando os participantes foram convidados a reavaliar suas opiniões sobre cada um dos temas e políticas: a redução do excesso de confiança fez com que eles se tornassem mais moderados. Quando a ilusão do conhecimento foi quebrada, as pessoas se tornaram menos extremistas. Vale ressaltar que elas não moderaram seus pontos de vista como uma resposta a argumentos contrários. Bastou pedir para que explicassem seus pontos de vista.

É por isso que é tão importante para a sociedade que conversemos com pessoas com opiniões diferentes das nossas. Nossa tendência é de nos aproximarmos de pessoas que compartilham do nosso ponto de vista. Quando permanecemos em nossa bolha, não falamos sobre os impactos das políticas que apoiamos porque assumimos que nossos aliados já as conhecem. Quando precisamos explicar as consequências das nossas posições para alguém que não compartilha das mesmas opiniões, temos a oportunidade de reconhecer as falhas no nosso conhecimento e no nosso raciocínio e de trabalhar para corrigi-las.

QUANDO NÃO PODEMOS TESTAR AS COISAS: A FALÁCIA DO PLANEJAMENTO

Infelizmente, nem sempre é possível testar nosso conhecimento ou colocar nossas capacidades à prova com antecedência como modo de reduzir nosso excesso de confiança. Para compreendermos como isso se dá, precisamos examinar a falácia do planejamento.

É comum subestimarmos o tempo e o esforço necessário para concluir uma tarefa e, por isso, muitas vezes perdemos prazos, excedemos os orçamentos ou ficamos sem energia antes de terminar um projeto. Um dos exemplos mais notórios da falácia do planejamento aconteceu no processo de construção da Opera House de Sydney. O valor estimado da obra era de US$ 7 milhões, mas ela acabou custando US$ 102 milhões, com um projeto de menores proporções do que o original e com um atraso de dez anos para sua conclusão. O Aeroporto Internacional de Denver superou em US$ 2 bilhões o orçamento previsto, com um atraso de dezesseis meses para ser entregue. Para algumas pessoas, essa é a razão para a existência de tantas teorias da conspiração relacionadas a esse aeroporto. Uma delas defende que o atraso deveu-se à construção de uma rede de *bunkers* subterrâneos secretos para bilionários e políticos se refugiarem no caso de um evento apocalíptico. Outra teoria da conspiração envolve alienígenas, é claro. Essas histórias são tão difundidas que o próprio aeroporto abriu um museu da conspiração. E seria uma injustiça com os habitantes da Nova Inglaterra não citar o projeto da rodovia Big Dig, em Boston, que excedeu o orçamento em US$ 19 bilhões e teve a conclusão atrasada em dez anos.

A falácia do planejamento não se aplica apenas a projetos de construção. O Standish Group, uma empresa internacional de consultoria de pesquisa em tecnologia da informação (TI), elabora relatórios anuais sobre vários projetos. Talvez você acredite que o pessoal de TI sabe bem como usar dados do passado para fazer previsões precisas quanto ao futuro. Mas de acordo com o Standish Group, entre 2011 e 2015 a porcentagem de projetos de TI bem-sucedidos nos Estados Unidos – considerando "sucesso" quando todos os parâmetros são alcançados dentro do prazo e do orçamento – ficou entre 29% e 31%. Metade dos projetos foi entregue com atraso, acima do orçamento ou faltando algum recurso essencial, e entre 17% e 22% deles simplesmente não foram entregues. E não há sinais de que isso deva melhorar.

A falácia do planejamento tem várias causas. Uma delas é o otimismo desmedido: esperamos que nossos projetos sejam concluídos rapidamente e sem gastar muito dinheiro, e esses desejos se refletem em nossos planejamentos e orçamentos.

Também é importante reconhecer que a falácia do planejamento é em grande parte um tipo de excesso de confiança que decorre da ilusão de fluência. Quando planejamos, tendemos a nos concentrar apenas em como o projeto deve ser executado, nas coisas que precisam ser feitas para torná-lo bem-sucedido. Quando você visualiza esses processos em sua mente, tudo funciona sem problemas, o que causa excesso de confiança.

Um estudo que examinou a falácia do planejamento revelou exatamente essa dinâmica e mostrou o que devemos fazer para evitá-la. Pediram aos participantes do estudo que estimassem quanto tempo levariam para terminar suas compras de Natal. Na média, eles afirmaram que finalizariam o processo até 20 de dezembro, mas não concluíram suas compras até 22 ou 23 de dezembro. Essa estimativa ilustra bem a falácia do planejamento.

Criar planos detalhados e específicos pode, à primeira vista, parecer uma boa estratégia para não sucumbir à falácia do planejamento. No mesmo estudo, outro grupo foi instruído a escrever um planejamento passo a passo para suas compras de Natal. Por exemplo, um participante fez uma lista com os membros da sua família e possíveis presentes para cada um deles. Outro determinou os *shoppings* a que deveria ir a cada dia e o que comprar nesses locais para cada pessoa da sua lista. Os planos pareciam ser viáveis. Mas será que fazer o planejamento melhorou a qualidade das estimativas do tempo necessário para fazer as compras? Na verdade não, e os participantes foram induzidos a uma falácia de planejamento ainda maior. A maioria deles achou que terminaria as compras sete dias e meio antes do Natal, três dias a menos do que a estimativa feita por aqueles que não fizeram planejamentos. Mas também terminaram por volta do dia 22 e 23 de dezembro.

Os planos detalhados aumentaram os efeitos da falácia do planejamento porque criaram a ilusão de que as compras dos participantes seriam tão suaves e fáceis quanto foram no filme *Uma Linda Mulher*, quando Julia Roberts encontrou todos aqueles vestidos perfeitos, no seu tamanho, em poucas horas fazendo compras, ou como no longa *As Patricinhas de Beverly Hills*, em que Alicia Silverstone termina suas compras com sua maquiagem impecável, carregando pelas ruas duas sacolas gigantescas de compras como se não pesassem nada.

Isso não quer dizer que não devemos fazer planos detalhados. Dividir tarefas em pequenas etapas e estipular prazos para cada uma delas é uma parte importante do planejamento, especialmente quando a tarefa em questão é mais complicada do que fazer compras de fim de ano. Um estudo diferente mostrou que a falácia do planejamento fica reduzida quando uma tarefa é dividida em subtarefas menores, pois isso permite que as pessoas percebam que ela não é tão simples quanto imaginavam. No entanto, devemos estar cientes de que isso também pode criar uma ilusão de fluência, inflando o senso de controle e agravando os efeitos da falácia do planejamento.

Como combater essa ilusão? Já mencionei que podemos testar as coisas para reduzir o excesso de confiança decorrente da fluência. A dificuldade no caso da falácia do planejamento é que precisamos planejar as coisas sem testá-las. Não podemos praticar a realização de compras de Natal ou a construção de uma casa de ópera. Mas podemos tornar nossa simulação mental menos fluente ao considerar possíveis obstáculos. Existem dois tipos de obstáculos a serem considerados, e um deles é mais acessível à nossa mente do que o outro.

É relativamente fácil pensar em obstáculos diretamente relacionados à tarefa em questão. No caso das compras de fim de ano, você sabe que as ruas vão estar congestionadas no final de semana que antecede o Natal, ou que nessa época aquela loja pode não ter mais no estoque a blusa com estampa de oncinha que você achou que seria perfeita para sua avó. Obstáculos tão relevantes devem ser levados em consideração no planejamento.

O que acabamos negligenciado são os obstáculos que não têm nada a ver com a tarefa em questão, como pegar um resfriado, seu gato sumir, seu chuveiro parar de funcionar, seu filho torcer o tornozelo etc. Contingências inesperadas como essas são difíceis de planejar, simplesmente porque são muitas as possibilidades. Além disso, mesmo que você se lembre que no ano passado seu filho torceu o tornozelo e que você ficou um dia inteiro no pronto-socorro bem na semana de compras do Natal, não vai imaginar que isso possa acontecer de novo.

Eventos inesperados são desconhecidos, mas sabemos que podem acontecer. Podemos afirmar que sempre haverá situações inesperadas em nossa vida. Só não sabemos quais serão. Minha solução particular para estes casos, não baseada em evidências científicas, é simples: acrescento 50% de tempo à minha estimativa inicial, algo que aprendi por ter vivenciado muitas falácias de planejamento. Por exemplo digo a um colaborador que posso examinar um artigo em três dias, mas sei que posso fazê-lo em dois. Essa estratégia funciona muito bem para mim.

OS EFEITOS DO OTIMISMO E DA FLUÊNCIA

Ao pensarmos em soluções que ajudem a evitar o efeito da fluência, também precisamos avaliar o que pode ampliá-la, como por exemplo o otimismo. O otimismo é como um óleo lubrificante para o motor do efeito da fluência, que faz tudo parecer mais simples e com que possíveis contratempos e obstáculos sejam ignorados.

Mas de maneira geral o otimismo é bom. Ser otimista reduz o estresse e nos deixa mais felizes, o que melhora nossa saúde mental e física. Talvez seja por isso que os otimistas vivem mais. O otimismo não é apenas bom para a saúde, é essencial para a sobrevivência. Como todos sabemos que um dia vamos morrer, sem otimismo não teríamos motivação para tentar realizar nossos sonhos.

É possível afirmar que o otimismo é vantajoso sobretudo em situações competitivas. Digamos que Tom e Jerry sejam rivais nos negócios e participem de licitações para os mesmos projetos de construção. A empresa de Jerry é muito menor do que a de Tom, e é quase certo que Tom pode oferecer melhores preços e condições para os projetos. Se não for otimista e se agir apenas de acordo com a verdade objetiva, Jerry simplesmente desistirá. Mas se ele for uma pessoa otimista, pode vencer algumas licitações, buscando projetos que não sejam do interesse de Tom.

Por essas razões, é provável que estejamos programados para sermos otimistas até certo ponto, como demonstrado por estudos feitos com pássaros e ratos. Em um estudo, estorninhos aprenderam que quando ouvissem um som com duração de dois segundos deveriam pressionar uma alavanca vermelha para obter comida, mas quando ouvissem um som que durava dez segundos deveriam pressionar uma alavanca verde para receber alimento. Se os pássaros pressionassem a alavanca errada não recebiam nenhuma comida. Além disso, os pesquisadores tornaram a alavanca vermelha mais vantajosa: quando pressionada, ela entregava a comida imediatamente, enquanto a alavanca verde exigia que esperassem algum tempo para serem alimentados. Ninguém gosta de esperar por comida. Tendo aprendido todas essas contingências (e é muito impressionante que esses passarinhos tenham aprendido a fazer isso!), os pesquisadores apresentaram aos animais um novo teste: dessa vez, eles tocaram um tom com uma duração intermediária, de seis segundos, para observar qual das duas alavancas os pássaros pressionariam. Os estorninhos tiveram um comportamento otimista: considerando a duração ambígua do tom, eles pressionaram a alavanca vermelha – que trazia mais vantagens.

O otimismo é um comportamento-padrão na maioria das pessoas, mas ele pode facilmente piorar o efeito da fluência, e isso é que chamo de otimismo cego. Otimismo realista é quando você diz que um copo está meio cheio ou que há uma luz no fim de um túnel. Otimismo cego é quando você nega que o copo está meio vazio ou nem mesmo admite que está dentro de um túnel. Um exemplo histórico de otimismo cego, ainda vivo em nossa memória, foi a maneira como os EUA lidaram com a Covid-19 durante os primeiros dias e semanas após seu surgimento, quando o governo não adotou nenhuma medida para impedir sua propagação. Algumas pessoas simplesmente acreditaram que o vírus desapareceria como mágica na primavera, quando há mais luz solar e as temperaturas aumentam.

Isso porque um mundo em *lockdown*, quarentena, sem *shows*, sem férias e sem restaurantes por mais de um ano parecia algo inimaginável. Era muito mais fácil acreditar que em abril tudo voltaria ao normal, após uma estação de gripe. Muitos caíram no otimismo cego. Será que poderíamos ter evitado essa situação?

Um método eficaz contra o otimismo cego é refletir sobre situações semelhantes ocorridas no passado e aplicar as lições deixadas por elas ao problema atual. Pensar em situações semelhantes é muito útil, mas não é suficiente. Mesmo quando casos semelhantes são lembrados, tendemos a descartá-los, dizendo: "Ah, mas desta vez vai ser diferente", "Aprendi minha lição da última vez e não vai acontecer de novo", e assim por diante. Quando estávamos lidando com a Covid-19, muitas pessoas compararam o caso com a pandemia de 1918 (a gripe espanhola), mas as lições daquela pandemia foram simplesmente descartadas: "Hoje a medicina está muito mais avançada e esse é um vírus totalmente diferente". Mesmo sabendo o que estava acontecendo na China, era tentador pensar que nos EUA tudo seria diferente, como se chamá-lo de "vírus chinês" bastasse para nos tornar imunes a ele.

Tudo isso ilustra por que não basta apenas lembrar de casos semelhantes se as semelhanças forem ignoradas, acreditando que tudo desta vez será diferente. Para não cairmos na tentação de dar desculpas, sendo arrastados pelo otimismo cego, devemos supor que a situação atual terá as mesmas consequências das anteriores e fazer nossos planos e previsões de acordo com as experiências deixadas por elas. No caso da Covid-19, deveríamos ter presumido que a doença se espalharia em Nova York, Los Angeles e em qualquer outro lugar do mundo exatamente de modo como aconteceu em Wuhan. As previsões baseadas em dados são mais precisas do que as previsões baseadas em intuições ou desejos.

RESUMINDO: REFORMANDO MINHA CASA

Para encerrar este capítulo, vamos falar sobre meu plano para reformar minha casa e como o que foi discutido até agora pode me ajudar. Nossa casa tem cerca de cem anos, mas não tem nenhum charme de uma casa antiga. Nós a compramos por causa de sua ótima localização. Metade das janelas não abrem direito ou simplesmente não abrem. O segundo banheiro tem características dos anos 1960, ou seja, plástico e linóleo – que torna impossível que qualquer cortina de chuveiro sofisticada ou toalha de banho torne-o mais bonito. Pedaços de telhado antigo saem voando durante as chuvas com vento, cobrindo nosso jardim. A coisa que mais me incomoda na casa, depois de ficar confinada lá por um ano e meio por causa da pandemia, é a parede que divide a sala em dois espaços sem nenhuma razão lógica. Decidimos derrubá-la.

Meu marido e eu não sabemos nada sobre manutenção de residências. Quando compramos nosso primeiro imóvel juntos, há vinte e cinco anos, perguntamos ao proprietário o que fazer com as janelas de caixilho quando chovesse, pois ficamos preocupados com a possibilidade de que suas belas molduras de madeira estragassem. O homem, que havia construído a casa, disse: "Você as fecha", e pareceu bastante temeroso em vender a casa para nós. Mas dado tudo o que eu disse neste capítulo, minha falta de confiança sobre como fazer a reforma seria uma grande vantagem.

Embora derrubar a parede da sala pareça uma tarefa simples, isso pode ser mais um exemplo do efeito da fluência – não queremos destruir o quarto principal que fica bem acima. Também escolhi um *design* minimalista para o segundo banheiro que não parece muito difícil de ser copiado – minimalismo, por definição, significa simplicidade. Mas muitos especialistas em construção sugerem que você reserve até 50% mais de tempo e dinheiro do que as estimativas dos empreiteiros, e foi isso o que fizemos. À medida que as janelas são substituídas, podem surgir danos causados pela água, mofo, colmeias entre outros problemas que eu me recuso a acreditar que existam em minha casa, mas é preciso estar preparada para eles, tanto psicológica quanto financeiramente. A última reforma também me ensinou que não posso deixar o empreiteiro sozinho por muito tempo, pois ele resolveu fazer alguns ajustes criativos por conta própria. Desta vez não vou cometer esse mesmo erro e ficarei sempre por perto. Uma reforma não é tão simples como virar as páginas da revista *Casa & Decoração*, mas sei que há uma luz no fim do túnel.

2

VIÉS DE CONFIRMAÇÃO

Como Podemos Errar Tentando Fazer a Coisa Certa

Em um final de tarde, enquanto terminava meu trabalho no escritório, recebi um telefonema da Bisma (nome fictício), uma ex-aluna e uma das pessoas mais brilhantes que fizeram meu curso "Thinking" ["Pensando"]. Ela parecia bastante perturbada, e como não é alguém que se abala facilmente, parei o que estava fazendo para dar atenção a ela.

Ela me disse que acabara de sair de uma consulta com um novo médico. Bisma sofria de um misterioso problema de saúde desde o ensino médio que fazia com que tivesse dificuldade de manter a comida no estômago, especialmente pela manhã; às vezes tinha náuseas tão fortes que desmaiava. Por causa desse problema, ela era muito magra. Os médicos descartaram a maioria das possíveis doenças, como doença celíaca, úlcera e câncer de estômago, mas não conseguiam descobrir o que causava os sintomas. Ela havia marcado a consulta com esse médico pois precisava pegar novas receitas da medicação para evitar náuseas antes de partir para um semestre no exterior, no Nepal e na Jordânia. O médico ouviu calmamente ela falar sobre os sintomas e, em seguida, perguntou: "Você gosta de vomitar?".

Ficou claro para ela que o médico suspeitava de anorexia. Ela ficou tão perturbada que não conseguia se lembrar direito do resto da conversa, mas, quando me contou, foi mais ou menos assim:

> Bisma: Não, eu não gosto de vomitar.
>
> Médico: (pensando: "É claro que ela nega o problema"): Você gosta de comida?
>
> Bisma: (se perguntando quem poderia gostar de comer se sofresse com problemas crônicos de digestão como os dela): Não.
>
> Médico: (pensando: "Isso é exatamente o que eu suspeitava. Agora estamos chegando a algum lugar") Você quer se matar?
>
> Bisma: Não!

A essa altura, Bisma estava tão perturbada que saiu do consultório. O médico, que provavelmente interpretou a reação dela como uma negação histérica, ficou ainda mais convencido de seu diagnóstico e considerou que ela não estava apenas fugindo do seu consultório, mas de seus problemas. Ele a seguiu até a sala de espera e gritou com ela, na frente dos outros pacientes: "Volte para o meu consultório! Você tem um problema sério!". Em vez de fazer isso, ela correu para o carro e me ligou.

Bisma foi para seu programa de estudos no exterior, mas ele foi cancelado no meio do semestre devido à pandemia de Covid-19. Durante os dois meses que ela esteve fora, seus sintomas desapareceram. Ninguém sabe ao certo o que causava sua náusea e perda de peso, mas agora ela acredita que era alérgica a algo nos Estados Unidos e que o tempo que passou longe da fonte dos alérgenos permitiu que seu sistema imunológico se recuperasse. O que sabemos com certeza é que ela nunca foi tratada como anoréxica e que seus níveis de estresse certamente não diminuíram com o início de uma pandemia global e a interrupção do programa de estudos.

Embora saibamos agora que o diagnóstico de anorexia estava errado, é possível entender por que o médico tinha tanta certeza do diagnóstico. Bisma era muito magra e a maioria das outras causas comuns para os sintomas haviam sido descartadas. Ela disse ao médico que não gostava de comida e teve uma reação de extrema negação aos potenciais problemas psicológicos. O erro do médico foi que ele apenas perguntou coisas que confirmavam suas suspeitas, e as perguntava de maneira que não importava o que ela respondesse, sempre confirmariam seu diagnóstico inicial.

TAREFA 2–4–6 DE WASON

Resolva este teste: apresentarei uma sequência de três números. A sequência é determinada por uma regra simples, que você deve descobrir qual é. Lembre-se de que a regra tem a ver com a sequência – isto é, a relação entre os três números. A maneira como você descobrirá a relação é dizendo sua própria sequência de três números para mim. Cada vez que você propuser uma sequência, eu lhe direi se ela segue a regra ou não. Você pode testar quantos conjuntos quiser. Quando você tiver certeza de que descobriu a regra, me conte. Em seguida, eu lhe digo se foi a regra que usei para gerar minha sequência de números ou não.

Pronto? Aqui está meu conjunto de três números: 2, 4, 6.

Quais são os três números que você testaria? Deixe-me ilustrar o que em geral acontece nesse teste. Digamos que um aluno chamado Michael faça uma tentativa. Michael me diz a sequência 4, 6, 8 e eu digo a ele que sua sequência segue a regra. Michael acha que descobriu. "É muito fácil", diz ele. "A regra é que números pares aumentam de dois em dois." Eu respondo que está errado.

Michael repensa sua hipótese. "OK, tudo bem", ele pensa, "talvez não sejam números pares, mas quaisquer números que aumentem de dois em dois." Confiante em sua hipótese, ele testa a sequência 3, 5, 7, seguro de que minha resposta vai ser sim. E, de fato, digo "sim". Tentando ser mais cuidadoso, ele agora testa 13, 15, 17 e recebe outro sim. Então, ele afirma entusiasmado: "Qualquer número que aumente de dois em dois!!!". Digo a ele que essa também não é a regra. Como Michael tirou nota máxima em matemática no SAT*, isso representa um golpe no seu ego. Ele tenta mais uma vez:

> Michael: -9,-7,-5
> Eu: Sim.
> Michael: Hummmmm. OK, que tal 1004, 1006,1008?
> Eu: Sim.
> Michael: Meu Deus, como não é um número somado por 2?

Michael fez o que a maioria dos participantes do famoso experimento 2–4–6, de Peter Wason, faz. Ele testou sua hipótese coletando evidências que a confirmariam. A confirmação de dados é necessária, mas não suficiente, porque você também precisa *refutar* sua hipótese. Para mostrar como fazer isso, vamos começar a rever as sequências que eu disse estarem em conformidade com a regra. Foram elas:

> 2, 4, 6
> 4, 6, 8
> 13, 15, 17
> -9, -7, -5
> 1004, 1006, 1008

---

* Exame norte-americano aplicado a alunos que concluem o ensino médio, equivalente ao Enem. (N. do P.)

Há, na verdade, um número infinito de regras possíveis que são consistentes com esses dados. Números que aumentam de dois em dois que têm a mesma quantidade de dígitos. Números que aumentam de dois em dois que são maiores que -10. Números que aumentam de dois em dois que são maiores que -11. E assim por diante...

Não podemos testar todas essas hipóteses, mas a questão é que quando há tantas regras possíveis que podem explicar os dados disponíveis, considerar apenas a hipótese que veio primeiro à sua mente não permitirá que você encontre a resposta certa.

Pensando em outras soluções, Michael decide considerar uma regra alternativa: "Números aumentando na mesma proporção". Para refutar sua hipótese original e testar essa alternativa, ele me sugere os números 3, 6, 9. Eu respondo que sim.

> Michael: Saquei. Que tal 4, 8, 12?
> Eu: Sim.
> Michael: (usando uma equação sofisticada para provar que ele não é burro): OK, tenho certeza de que é $X + k$ em que X é qualquer número e k é uma constante.
> Eu: Não.

O que Michael deveria ter feito seria tentar refutar sua hipótese. Muito frustrado, ele gera uma sequência aleatória.

> Michael: Que tal 4, 12, 13?
> Sorrio e digo que sim – está de acordo com a regra.
> Michael: O QUÊ????

Esse foi o teste crítico, que violou a hipótese que ele estava testando naquele momento. Depois de refletir um pouco, Michael diz: "5, 4, 3?".

Eu balanço a cabeça mostrando que não. Essa sequência não segue a regra.

Agora com mais humildade dessa vez, Michael diz com uma entonação dócil: "A regra seria números crescentes?".

Eu digo "Sim! Exatamente".

VIÉS DE CONFIRMAÇÃO

Peter C. Wason foi um psicólogo cognitivo da University College London. Ele criou a famosa tarefa 2–4–6 em 1960, fornecendo a primeira demonstração experimental do que ele chamou de viés de confirmação, nossa tendência de confirmar o que já acreditamos. Naquela época, quase todos os psicólogos que estudavam o raciocínio acreditavam que os humanos eram seres lógicos e racionais. Mas com os testes do psicólogo que cunhou a expressão "viés de confirmação", Wason refutou essa crença muito aceita na época.

No primeiro experimento de Wason com a tarefa, apenas um quinto dos participantes acertou a regra na primeira tentativa. Wason ficou tão chocado com a quantidade de pessoas que não conseguiram resolver esse teste aparentemente simples que pensou que o problema poderia estar na estrutura do próprio experimento e procurou maneiras de corrigi-lo. Quando o experimento foi repetido em Harvard, os participantes foram informados de que teriam apenas uma tentativa para acertar a resposta. Assim, ele forçaria os participantes a não dizer a primeira resposta que achavam ser a correta. Ainda assim 73% deles erraram a resposta.

Alguns até mantiveram-se firmes à sua tentativa e insistiram: "Não pode estar errado, pois minha regra está correta para esses números", ou afirmaram que "regras são relativas. Se você fosse o sujeito do teste e eu o experimentador, então eu estaria certo". Um participante não anunciou nenhuma regra, mas apresentou sintomas psicóticos durante o experimento – não se sabe por quê – e teve de ser levado às pressas para o hospital em uma ambulância. Outro participante apresentou uma regra impressionante: "Ou o primeiro número é igual ao segundo menos dois, e o terceiro é aleatório, mas maior que o segundo, ou o terceiro número é igual ao segundo mais dois, e o primeiro é aleatório, mas menor que o segundo". Ele ponderou a respeito por cinquenta minutos antes de finalmente desistir.

Com o experimento 2–4–6 em mente, agora vamos repensar a consulta de Bisma com o médico. Ele a diagnosticou com anorexia e depois fez perguntas que apenas confirmariam sua hipótese. Como resultado, as respostas comprovaram as evidências: uma jovem que vomita com frequência, muito magra, que não gosta de comida e que reage exageradamente a perguntas sobre possíveis problemas mentais.

No entanto, assim como na tarefa 2–4–6, havia um número infinito de explicações possíveis que também seriam consistentes para esse conjunto de evidências. Ele nem mesmo considerou uma alternativa altamente plausível: que Bisma tivesse uma doença rara que a fazia vomitar e ela estava cansada de médicos que não compreendiam seu problema. Para testar sua hipótese, o médico deveria ter feito perguntas como: "Você se acha gorda mesmo quando outros dizem que você é magra?" ou "Você provoca o vômito quando sente que seu estômago está cheio?". Bisma teria respondido "não" a ambas as perguntas, fornecendo evidências que poderiam fazer com que ele repensasse seu diagnóstico inicial.

Água Evian

Às vezes, somos enganados propositalmente pela maneira como nos são apresentadas evidências confirmatórias, como neste anúncio da água Evian, publicado no Reino Unido em 2004. O anúncio mostra uma bela mulher nua, com partes do corpo estrategicamente cobertas por uma bicicleta. Orgulhosa, ela ostenta sua pele brilhante. O texto, na parte inferior da página, é o seguinte: *Tenha uma pele tão linda que você queira exibi-la. 79% das pessoas que bebem um litro a mais de água mineral natural Evian diariamente notam que a pele fica mais suave, hidratada e visivelmente mais jovem.*

Parece muito convincente. Mas antes de comprar uma caixa de Evian para melhorar sua aparência para sua próxima viagem à praia, lembre-se do teste 2–4–6. A regra acabou sendo muito mais genérica do que as hipóteses sugeridas pelos participantes inicialmente, como no caso de Michael. A solução não era uma equação complexa, mas apenas números crescentes. Do mesmo modo, a verdade por trás dos resultados do estudo citado no anúncio poderia ter sido que beber um litro extra de qualquer água resulta em uma pele mais brilhante e jovem, seja qual for o rótulo da água mineral, ou até mesmo a água do filtro – o que ficaria muito mais barato. Os leitores do anúncio da Evian que desconsideram essas outras possibilidades são vítimas do viés de confirmação, o que os leva a pensar que apenas a Evian é capaz de fazê-los parecer mais jovens.

Elevadores

Aqui está outra aplicação da tarefa 2–4–6 que muitos leitores devem ter vivenciado – o botão para fechar a porta dos elevadores. Quando você está atrasado ou simplesmente impaciente, você aperta o botão repetidas vezes até que a porta finalmente se feche. Se for como eu, assim que ela fechar, você respira profundamente, sabendo que economizou alguns preciosos segundos. Mas como você tem certeza que pressionar o botão para fechar a porta de fato fez com que a porta se fechasse? Você pode afirmar dizendo que isso acontece, porque toda vez que você pressiona o botão a porta se fecha. Mas como você deve saber, as portas dos elevadores fecham mesmo quando você não pressiona o botão, porque elas têm temporizadores. Como ter certeza de que a porta fechou por causa do temporizador ou por sua causa?

Graças a uma lei direcionada a norte-americanos portadores de deficiência, as portas dos elevadores devem permanecer abertas tempo suficiente para permitir que qualquer pessoa portando muletas ou cadeiras de rodas consiga entrar. De acordo com Karen Penafiel, diretora executiva da associação comercial da National Elevator Industry, Inc., a associação de fabricantes de elevadores dos EUA, os botões para fechamento das portas não funcionam até que esse tempo de espera acabe. Então, a partir de agora, ao esperar pelo fechamento das portas do elevador, contemple pacientemente as armadilhas do viés de confirmação.

Spray Contra Monstro

Muitos anos atrás, usei o viés de confirmação para confortar meu filho. Quando ele tinha 5 anos, meu marido tornou-se chefe (anteriormente chamado de "mestre") de um dos locais de moradia de uma das faculdades da Universidade de Yale, que são como Grifinória ou Sonserina nos livros de Harry Potter. Nós nos mudamos para a casa do Diretor da Faculdade de Berkeley, uma mansão gigantesca construída para abrigar o chefe e sua família e também para sediar eventos para os alunos. A casa é decorada no estilo típico de Yale, que é antigo, escuro, gótico e cheio de retratos de pessoas de cara fechada, assim como em Hogwarts.

Quando o Halloween chegou, os alunos decoraram a casa para uma das festas mais esperadas do ano, transformando-a em um local mal-assombrado, com teias de aranha, caixões, caveiras e guloseimas em todos os cômodos. As decorações eram muito realistas e meu filho ficou com tanto medo que quis voltar para nossa antiga casa. Então eu peguei um frasco de *spray*, enchi com água e disse a ele que aquele era um *spray* contra monstros. Fomos em todos os cômodos e ele pulverizou cada um deles. Desde então, nenhum monstro foi visto perambulando pelos cômodos da residência.

Sangue "Ruim"

O viés de confirmação pode afetar comunidades inteiras, de modo coletivo, por anos, décadas ou mesmo séculos. A prática conhecida como sangria é um caso bastante emblemático. Desde a Antiguidade até o final do século XIX, curandeiros ocidentais acreditavam que a saúde de um paciente melhoraria se seu sangue "ruim" fosse extraído. George Washington provavelmente morreu por causa desse tratamento, quando um médico extraiu 1,7 litro de seu sangue para tratar uma infecção na garganta. Imagine: duas garrafas de vinho cheias de sangue! Como é possível que nossos ancestrais, pessoas inteligentes, tenham acreditado por mais de dois mil anos que drenar boa parte do que nos mantém vivos poderia ser benéfico? Quando Washington nasceu, já se sabia que a Terra é redonda e *Sir* Isaac Newton havia formulado as três leis físicas do movimento. Mas ainda se acreditava que drenar sangue era algo muito bom para a saúde.

Ainda assim, se estivéssemos na situação deles, provavelmente não pensaríamos de modo diferente. Imagine a si mesmo no ano de 1850, com dores excruciantes nas costas. Você ouviu falar que, em 1820, o rei George IV tirou quatro litros de sangue e viveu por mais dez anos. Você também já ouviu falar que a insônia do seu vizinho foi curada com sangria. Mais importante, você ouviu falar que, em geral, cerca de três quartos das pessoas que ficaram doentes e tiveram seu sangue drenado se curaram (estou inventando esses números apenas para ilustrar). Os dados parecem convincentes. Então, você decide fazer uma sangria e de fato sente-se melhor.

Porém, aqui há uma pegadinha. Suponha que cem pessoas ficaram doentes, mas não tiveram seu sangue drenado, e 75 delas melhoraram. Agora você pode ver que três quartos das pessoas se curam, independentemente de terem seu sangue retirado ou não. É possível cometer um erro como esse porque nosso corpo tem a capacidade de se curar. Contudo, as pessoas deixaram de verificar o que aconteceria se não tivessem realizado a sangria. Eles se concentraram apenas nas evidências de confirmação.

Questionário

Quando dou uma palestra sobre viés de confirmação, faço os alunos refletirem sobre a tarefa 2–4–6 e todos os exemplos que abordei neste capítulo até este ponto. No final da palestra, aplico um teste a eles. Uma das perguntas que uso foi extraída do artigo "The Rationalality Quotient: Toward a Test of Rational Thinking", de Keith Stanovich, Richard West e Maggie Toplak, que ilustra o quão difícil é reconhecer o viés de confirmação.

> Um pesquisador que estudava a relação entre autoestima e qualidade de liderança pesquisou 1.000 indivíduos que foram identificados como possuidores de alta qualidade de liderança. O pesquisador constata que 990 desses indivíduos também apresentavam alta autoestima, enquanto dez deles tinham baixa autoestima. Na ausência de qualquer outra informação, qual é a melhor conclusão que se pode tirar desses dados?
>
> (a) Há uma alta relação entre autoestima e qualidade de liderança.
> (b) Há uma baixa relação entre autoestima e qualidade de liderança.

(c) Não há relação entre autoestima e qualidade de liderança.

(d) Não se pode tirar nenhuma conclusão desses dados.

Se você selecionou a alternativa (a), você é como um terço dos meus alunos. E a opção está incorreta.

Não estou dizendo isso para zombar dos meus alunos. Sei que entre os alunos que erraram essa pergunta estavam os chamados gênios infantis, oradores da turma e campeões nacionais de matemática e competições de debate. Além do fato de quererem acertar essa resposta afim de atingirem a maior nota possível da faculdade. Mas o viés de confirmação pode ser extremamente traiçoeiro, mesmo logo depois de terem aprendido sobre ele.

Como na tarefa 2–4–6, a hipótese de que a alta autoestima esteja associada à boa liderança é uma primeira hipótese plausível e, além disso, 99% dos dados parecem apoiá-la. Então, como poderia estar errada? Mais uma vez, o problema é que o pesquisador não tinha dados sobre pessoas com baixa qualidade de liderança. Se 99% das pessoas com baixa qualidade de liderança também têm alta autoestima, não podemos concluir que haja uma associação positiva entre liderança e autoestima. Como o pesquisador não tinha esses dados, a resposta correta é (d). Não se pode tirar nenhuma conclusão dos dados.

POR QUE O VIÉS DE CONFIRMAÇÃO É RUIM PARA VOCÊ?

Com as informações que apresentamos até aqui, pode parecer que o viés de confirmação não seja prejudicial às pessoas que o manifestam. A tarefa 2–4–6 parece ter sido elaborada com intenção de enganar as pessoas, para evitar que aqueles que não conseguiram achar a solução do problema não se sintam inferiores ou mal consigo mesmos. O diagnóstico de anorexia elaborado com um grande viés de confirmação prejudicou Bisma, mas não o médico responsável por ele. Como não temos cientistas nos seguindo o tempo todo fornecendo *feedbacks* sobre a qualidade de nossas conclusões, aquele que eventualmente manifesta algum viés de confirmação pode nunca descobrir quantos erros cometeu. O médico de Bisma ao que tudo indica ainda não sabe nem saberá o quão falho foi seu diagnóstico, a menos que ele leia este livro. Considerando que aqueles que manifestam o viés de confirmação podem nem sequer ficar sabendo que sua conclusão estava errada, é possível que ele seja prejudicial àqueles que o cometem? Definitivamente sim, tanto no âmbito pessoal quanto no social.

Machucando as Pessoas

Primeiro falaremos do âmbito pessoal. O viés de confirmação faz com que as pessoas tenham uma visão imprecisa a respeito de si mesmas. Vejamos como isso ocorre.

Muitos de nós queremos nos conhecer melhor e ter uma noção realista do nosso lugar em nossa vida e no mundo. Fazemos perguntas como: "Tenho problemas no meu casamento?", "Sou competente?", "Sou simpático?". Queremos respostas definitivas e objetivas sobre nossa personalidade, QI, inteligência emocional e idade "real". Nosso intenso interesse por nós mesmos explica a proliferação de todos esses "testes" na internet e em revistas com títulos como "O que o seu (ou a sua) _____ diz sobre você?". Você pode preencher o espaço em branco com caligrafia, risada, música favorita, comida favorita, filme favorito, livro favorito. Pode escolher.)

Imagine que uma pessoa chamada Fred encontra o seguinte anúncio na internet: "Você tem fobia social?". Fred fica curioso, paga US$ 1,99 para fazer o teste, e o resultado mostra uma pontuação acima da média em fobia social [também conhecida como ansiedade social]. Fred no início se mantém cético, mas depois de refletir um pouco, lembra de momentos em que se sentiu ansioso. Ele teve problemas para articular suas ideias na última reunião da equipe e não gosta de ir a festas. Com esses exemplos de confirmação em mente, ele agora está convencido de que sofre de fobia social. Como ocorre no caso da tarefa 2–4–6, ele se esqueceu dos exemplos não confirmatórios – como a reunião de equipe três semanas atrás, quando, com tranquilidade, ele apontou falhas na política atual, ou o fato de que ele gosta de conversar com pessoas, desde que não seja durante uma festa. Infelizmente, como ele se convenceu de que tem fobia social, passa a evitar qualquer evento social. Isso é conhecido como profecia autorrealizável.

Aqui está outro exemplo de como o viés de confirmação pode prejudicar as próprias pessoas que o manifestam, nesse caso com algo que envolve alta tecnologia: testes de DNA. Hoje em dia, é fácil saber seu perfil genético por meio de empresas que oferecem esse serviço diretamente ao consumidor, como a 23andMe. Você só precisa pagar cerca US$ 100 para obter seus relatórios de ancestralidade e, com mais US$ 100*, pode descobrir suas predisposições para doenças, como por exemplo, se você tem propensão a ter diabetes tipo 2 ou câncer de mama e ovário. Estima-se que mais de 26 milhões de pessoas nos Estados Unidos compraram testes genéticos até início de 2019.

Mas é comum interpretarmos erroneamente os resultados dos testes. Algumas pessoas podem acreditar que os genes determinam

---

* No Brasil, a Genera é a empresa que oferece esse serviço diretamente ao consumidor. Você só precisa pagar cerca de R$ 200,00 para obter seus relatórios de ancestralidade e, com mais R$ 300,00, pode descobrir suas predisposições para outras doenças. (N. do T.)

nossa vida. Genes com certeza não fazem isso, porque sempre interagem com o ambiente. Mesmo quando as pessoas não acreditam que os genes definem seu destino, o viés de confirmação pode fazê-las reescrever suas próprias histórias enquanto tentam entender a si mesmas à luz dos resultados dos testes genéticos. Em um estudo no qual trabalhei ao lado de Matt Lebowitz, um ex-aluno de doutorado e hoje professor assistente na Universidade de Columbia, investigamos essa possibilidade.

Primeiro, recrutamos centenas de voluntários dispostos a nos fornecer seus endereços para que enviássemos um pacote com nosso material para o experimento. Eles foram informados de que seriam recompensados por participarem do estudo. Os pacotes que receberam incluíam instruções sobre como acessar nosso experimento na internet e um pequeno recipiente de plástico com uma etiqueta onde estava escrito "Kit de autoteste de saliva para ácido 5-hidroxiindolacético", "Fabricado nos EUA" e com data de validade. Depois de fornecer seu consentimento pela internet, os participantes foram informados de que, como parte do estudo, fariam um teste de saliva que avaliaria sua predisposição genética para a depressão (os participantes poderiam desistir do estudo a qualquer momento sem perder o direito à recompensa).

Em seguida, foram instruídos a abrir o recipiente plástico, onde havia um frasco de enxaguante bucal e uma tira de teste, fazer um bochecho com o líquido e cuspir. Eles não sabiam, mas a solução utilizada para fazer o bochecho não tinha nada além de enxaguante bucal comum com açúcar, que foi misturado por meus assistentes. Os participantes eram então orientados a colocar a tira de teste sob a língua. Segundo as instruções fornecidas, a tira era sensível ao ácido 5-hidroxiindolacético, que serve para detectar a suscetibilidade genética à depressão. A tira de teste era, na verdade, uma tira de teste de glicose e, por isso, sua cor mudava quando era colocada sob a língua; isso ocorria por causa do açúcar que havia sido misturado no enxaguante bucal que eles haviam acabado de usar. Os participantes deveriam então clicar na cor da tira para saber o que essa cor indicava.

Nesse ponto do experimento, os participantes foram divididos aleatoriamente em dois grupos. Um grupo foi informado de que a cor da tira indicava que eles não eram geneticamente suscetíveis à depressão e outro foi informado do contrário, de que havia neles uma tendência genética para a depressão. Vamos chamá-los de grupo com ausência do gene e de grupo com presença do gene, respectivamente.

Após terem recebido o *feedback*, os participantes responderam o Inventário de Depressão de Beck II, comumente conhecido como BDI-II. É uma escala de depressão bastante reconhecida, que questiona os entrevistados sobre os níveis de diversos sintomas depressivos vivenciados nas últimas duas semanas. Por exemplo, para "tristeza", há as opções de "não me sinto triste", "sinto-me triste", "estou triste o tempo todo e não consigo sair dessa situação" e "estou tão triste e infeliz que não consigo mais suportar essa situação".

Não temos como verificar se as respostas dos participantes foram reflexos precisos de suas duas últimas semanas. Mas podemos afirmar que, uma vez que os participantes receberam uma das duas condições de *feedback* genético aleatoriamente, não há razão para acreditar que as duas semanas anteriores tivessem sido mais deprimentes para um grupo do que para o outro. Alguns participantes podem ter tido semanas piores do que outros, mas tais variações deveriam ter sido equilibradas devido à escolha aleatória feita a partir de um grupo com muitos integrantes.

Os resultados mostraram o grupo com presença do gene com uma pontuação significativamente mais alta no BDI-II do que o grupo com ausência do gene. Ou seja, embora tenham sido selecionados de maneira aleatória para receber um dos dois *feedbacks*, aqueles que foram informados de que eram geneticamente predispostos à depressão relataram níveis mais altos de tristeza do que os que foram informados não serem geneticamente predispostos. Além disso, a pontuação média do BDI-II do grupo com ausência do gene foi de 11,1, uma pontuação de quem não tem depressão, enquanto a pontuação média do grupo com a presença do gene foi de 16, que indica presença de depressão.

O viés de confirmação pode explicar essa pseudodepressão. Quando souberam que eram geneticamente suscetíveis à depressão, os participantes devem ter feito esforço para lembrar de momentos em que se sentiram tristes para corroborar com os "resultados dos testes genéticos". Eles podem ter se lembrado daquela noite em que não conseguiram dormir antes das duas da madrugada, daquela manhã em que não se sentiam motivados para ir trabalhar ou daquele dia no metrô em que não conseguiam parar de se perguntar sobre o significado de suas vidas. Todas essas evidências confirmatórias devem tê-los feito acreditar que suas últimas duas semanas foram mais deprimentes do que de fato foram.

Antes de prosseguir, gostaria de esclarecer a natureza enganosa do estudo, pois muitas vezes recebo perguntas sobre esse ponto. O procedimento experimental foi desenvolvido a partir de ampla discussão com o conselho da diretoria institucional da Universidade de Yale, que supervisiona a proteção de seres humanos. Ao concluir o estudo, os participantes foram informados sobre os testes falsos e o valor científico do estudo e receberam nossos contatos. Até o momento não tivemos nenhum relato de efeitos adversos. Uma participante nos enviou um e-mail para perguntar a marca do enxaguante bucal que usamos, porque ela não gosta do sabor de nenhuma das marcas disponíveis no mercado, e achou o nosso muito bom. Tivemos de lembrá-la de que isso ocorreu porque adicionamos açúcar ao líquido.

Devido a um incidente, acabamos recebendo ainda mais evidências do poder do efeito do viés da confirmação. Logo depois que começamos o estudo, recebemos uma ligação de um policial de Atlanta, na Geórgia, que nos disse que alguém havia trazido um pacote suspeito que recebera pelo correio e no qual estava registrado nosso número de contato. De acordo com o policial, a mulher que levou o pacote para a delegacia perguntou a seus familiares se algum deles havia encomendado alguma coisa, mas todos disseram que não. Curiosamente ela também relatou que, quando o pacote chegou, todos os membros de sua família começaram a sentir coceira! Pensaram que o pacote poderia conter algo nocivo como antraz e presumiram que a coceira havia sido causada pelo conteúdo do pacote. Então, esse foi um exemplo do viés de confirmação agindo na vida real!

A mulher que levou o pacote para o policial perdeu apenas uma ou duas horas de seu dia, e o seu familiar que havia se inscrito no nosso estudo, mas então negou ter feito isso, perdeu os US$ 10 que teria recebido por sua participação. Mas o tipo de viés de confirmação que o estudo revelou, bem como meu exemplo anterior de um teste de personalidade, ilustra um perigo potencialmente muito mais profundo do viés de confirmação, que são os ciclos viciosos. Isso é o que acontece quando você começa com uma hipótese provisória que se torna mais certa e extrema à medida que você acumula evidências de confirmação, o que, por sua vez, faz com que busque ainda mais por evidências de confirmação.

Nenhum teste genético ou de personalidade pode fornecer respostas definitivas sobre quem é uma pessoa. Os resultados desses testes são probabilísticos. Isso acontece porque os resultados não são precisos, mas também porque é assim que o mundo é, imperfeito. Por exemplo, o gene BRCA1, que ficou famoso quando Angelina Jolie decidiu se submeter a uma dupla mastectomia quando descobriu ser portadora dele, é considerado uma das variantes genéticas mais esclarecedoras, prevendo a probabilidade de desenvolver câncer de mama entre 60% e 90%. No entanto, esse alto poder preditivo é extremamente raro, porque existem muitos fatores não genéticos, bem como múltiplos genes de interação que determinam os resultados reais. Da mesma maneira os testes de personalidade desenvolvidos para serem usados para seleção de candidatos a vagas de emprego ou para aconselhamento, bem como para nos ajudar a entender a nós mesmos, fornecem informações altamente descontextualizadas. Uma pessoa que demonstre aptidão em um determinado teste pode não ter o mesmo desempenho em um ambiente diferente ou ao executar outro tipo de tarefa.

Não estou afirmando que esses testes não são úteis. Eu mesma tenho a intenção de em breve fazer um teste genético para conhecer os possíveis riscos à minha saúde e poder controlar antecipadamente alguns fatores que possam prejudicá-la. Além disso, saber como me posiciono em relação ao restante da população no que se refere a algumas características de personalidade como introversão-extroversão ou o fato de ser uma pessoa de mente aberta ou não é importante e pode me dar *insights* úteis sobre minhas interações sociais.

Mas é preciso levar em consideração que o viés de confirmação pode facilmente nos conduzir a uma visão exagerada e irrealista de nós mesmos. Se começamos a acreditar que estamos deprimidos, podemos passar a agir como uma pessoa deprimida, fazendo previsões pessimistas sobre o futuro e nos afastando de atividades divertidas – o que faria qualquer um se sentir deprimido. O mesmo acontece com os pensamentos sobre a competência: se você começa a duvidar da sua capacidade, pode passar a evitar riscos que poderiam levar a boas oportunidades de trabalho e sua trajetória profissional acabará de fato refletindo falta de competência. Isso também pode ocorrer de maneira inversa, quando a pessoa se superestima, lembrando apenas de suas boas realizações e ignorando seus fracassos, e acabar assim se prejudicando. Por causa desses ciclos viciosos, considero o viés de confirmação o pior dos vieses cognitivos conhecidos.

Como veremos a seguir, esses ciclos viciosos também podem operar no nível social.

Prejudicando a Sociedade

Vou começar falando sobre um episódio que aconteceu na minha própria família. Quando minha filha estava no primeiro ano, meu marido recebeu o prestigioso prêmio cientifico Troland Award, da Academia Nacional de Ciências. Todos fomos para a cerimônia de premiação em Washington, D.C. Meus dois filhos e eu estávamos na plateia, ao lado de alguns dos mais brilhantes cientistas dos Estados Unidos. Aguardávamos pelo início da premiação, e meu marido estava no palco, ao lado de dezenas de outros premiados de várias áreas da ciência.

Num determinado momento, minha filha me perguntou, num tom de voz bem alto: "MÃE, POR QUE TEM MAIS MENINOS DO QUE MENINAS LÁ?". Embora perplexa senti-me muito orgulhosa por sua observação. Ao mesmo tempo, fiquei envergonhada – não pelo tom de voz da minha filha, mas pelo fato de eu mesma não ter me dado conta daquela demonstração gritante de desequilíbrio de gênero no palco. Acredito que, sendo uma cientista, estava tão acostumada a ver mais homens do que mulheres atuando no campo da ciência que nem notava mais essa diferença, embora ela fosse óbvia aos olhos de uma criança sem noções preconcebidas sobre nossa sociedade.

Eu não tinha ideia de como começar a responder à pergunta da minha filha, então com 7 anos na época e, felizmente para mim, a cerimônia começou alguns instantes depois. Mas aqui está minha resposta tardia: a razão para haver mais homens do que mulheres recebendo prêmios não é porque "os homens são melhores em ciência". A verdade é análoga à resposta "qualquer número crescente" para o problema 2–4–6: tanto homens quanto mulheres podem ser bons cientistas. Porém, nossa sociedade cai no viés de confirmação quando se trata de homens e ciência.

Tradicionalmente, a maioria dos cientistas é composta por homens. Qualquer pessoa pode ser reconhecida em seu campo de estudo quando faz um bom trabalho. Assim, desenvolvemos uma falsa noção de que os homens são bons em ciência. As mulheres tiveram poucas oportunidades de provar que também podem ser boas cientistas. Assim, tínhamos poucas evidências que pudessem refutar a crença de que apenas os homens são bons em ciência.

Como a sociedade acredita que homens são melhores do que mulheres para produzir ciência, tudo continua a operar com base nessa suposição. Os homens têm mais chances de serem contratados e recebem salários mais altos do que as mulheres com credenciais idênticas. Por isso acabamos com mais eminentes cientistas do sexo masculino do que eminentes cientistas do sexo feminino, o que, por sua vez, dá forte apoio à ideia de que os homens são melhores cientistas do que as mulheres. Para testar racionalmente essa ideia, é preciso tentar falsear essa hipótese ao dar às mulheres oportunidades justas. Analisando a falácia de raciocínio, dar oportunidades apenas aos homens e concluir que os homens são melhores cientistas não é diferente de uma criança acreditar que o *spray* contra monstros funciona porque ela o pulverizou em todos os cômodos e desde então mais nenhum monstro apareceu. Precisamos descontruir essa falácia.

Como esse tipo de viés de confirmação prejudica nossa sociedade? Trata-se de uma clara violação do princípio fundamental de que todos os seres humanos devem ser tratados igualmente. E o viés de confirmação é irracional. Mas será que ele tem consequências negativas para a nossa sociedade que são ainda mais tangíveis? Sim.

Aqui está um exemplo concreto. Agora mesmo, digitei "cientistas que desenvolveram a vacina da Covid-19" em um mecanismo de busca para ver quantas cientistas mulheres apareceriam na lista. Para evitar cometer o viés de confirmação, não digitei "cientistas mulheres que...". A primeira na lista foi a dra. Özlem Türeci, do poderoso casal que recebeu os créditos pelo desenvolvimento da vacina Pfizer-BioNTech Covid-19 (ela e o marido, o dr. Uğur Şahin, lideraram o desenvolvimento da vacina e são fundadores da BioNTech). A dra. Katalin Karikó também aparece como uma das cientistas responsáveis pela vacina Pfizer-BioNTech, e tem sido citada como uma forte candidata para o Prêmio Nobel de química*. O quarto nome que apareceu também era de uma cientista, dra. Kathrin Jansen, vice-presidente sênior e chefe de pesquisa e desenvolvimento da vacina da Pfizer Inc. E quanto à vacina Moderna? De acordo com o dr. Anthony Fauci, "essa vacina foi desenvolvida no centro de pesquisa de vacinas do meu instituto [National Institutes of Health] por uma equipe de cientistas liderada pelo dr. Barney Graham e sua estimada colega, dra. Kizzmekia Corbett", uma mulher negra que tem dedicado parte do seu tempo para ajudar comunidades de pessoas negras a superar o receio de tomar vacinas. Esses nomes estavam no topo da primeira página da minha pesquisa. Apenas dois homens. Imagine como estaria o mundo agora se essas mulheres cientistas tivessem sido desencorajadas a continuar seus estudos por seus pais e professores, se tivessem olhado para o número de homens recebendo prêmios por suas realizações científicas e considerado, como tantas pessoas fazem, que mulheres não são capazes de se destacar no campo da ciência.

Não é difícil perceber como qualquer estereótipo baseado em raça, idade, orientação sexual ou origem socioeconômica funciona da mesma maneira. Quando apenas alguns membros de grupos minoritários têm a oportunidade de mostrar sua capacidade em

---

* A bioquímica húngara Katalin Karikó acabou de fato recebendo o prêmio em 2023, mas tratou-se do Prêmio Nobel de medicina, não de química. (N. do P.)

determinados campos, é óbvio que alguns deles vão se destacar nesses campos. Isso não apenas reflete a desigualdade da sociedade, mas rouba de nós todos os avanços que seriam possíveis se houvesse oportunidade para um conjunto mais amplo de talentos. Um relatório de 2020 do grupo Citibank quantificou de que maneira a discriminação racial e a falta de igualdade de oportunidades prejudica os Estados Unidos. Se nossa sociedade tivesse investido de modo igualitário em educação, moradia, salários e negócios para brancos e negros norte-americanos nos últimos vinte anos, os Estados Unidos estariam US$ 16 trilhões mais ricos. Caso esse número seja grande demais para ser compreendido, o produto interno bruto dos Estados Unidos – o valor de mercado de todos os bens e serviços finais produzidos nos Estados Unidos – foi de US$ 21,43 trilhões em 2019. Chegou-se a esses US$ 16 trilhões com base no potencial salário que os trabalhadores negros poderiam ganhar se tivessem diplomas universitários, as vendas no mercado imobiliário que teriam ocorrido se os candidatos negros recebessem empréstimos para habitação e a receita comercial que faria parte da economia se os empresários negros recebessem empréstimos bancários. Teríamos US$ 16 trilhões a mais para lidar com as mudanças climáticas, melhorar a saúde pública e trabalhar pela paz mundial se não existisse esse viés de confirmação na nossa sociedade.

POR QUE USAMOS O VIÉS DE CONFIRMAÇÃO?

Se o viés de confirmação é tão ruim, por que continuamos a manifestá-lo? Como algo que nos prejudica tanto como indivíduos e sociedade pode ter sobrevivido ao longo da evolução humana? O viés de confirmação traz algum benefício?

Pode parecer irônico, mas o viés de confirmação é adaptativo, ajudando-nos a sobreviver, porque permite que sejamos "sovinas cognitivos". Precisamos conservar nossa energia cerebral ou nossa energia cognitiva para coisas mais urgentes para a sobrevivência do que para a lógica. Se algum ancestral antigo encontrou frutas frescas na Floresta X, por que ele se daria ao trabalho de ir até a Floresta Y para ver se lá também havia frutas frescas? Enquanto a Floresta X estiver fornecendo o que ele precisa não há razão para se preocupar. Se ele conseguia alimento suficiente na Floresta X, não importava se havia frutas frescas somente na Floresta X ou se elas estavam disponíveis em todas as florestas.

Herbert Simon, o primeiro cientista cognitivo a receber um Prêmio Nobel (em economia) no ano de 1978, estudou algo semelhante, mas observou um princípio mais geral, não se limitando ao viés de confirmação. Para entender sua ideia, primeiro observe que no mundo existem infinitas possibilidades. O número de jogadas possíveis em jogos de xadrez, mesmo com seu número limitado de peças e suas regras bem definidas, é estimado em 10^{123}, que é maior que o número de átomos no universo observável. Imagine quantas versões possíveis do nosso futuro estão à nossa frente. Assim, precisamos interromper nossas buscas quando elas forem satisfatórias o suficiente. Simon chamou isso de "satisfício" (*satisficing*, em inglês), uma palavra que ele criou combinando "satisfação" e "sacrifício".

Estudos posteriores, de outros cientistas, mostraram que indivíduos variam muito em relação a maximizar ou satisfazer as várias pesquisas que precisam fazer ao longo de suas vidas (para aqueles que gostam de fazer testes de personalidade, existem na internet testes gratuitos que medem onde você está na escala de maximizador/satisfeito.) Maximizadores estão sempre à procura de um emprego melhor, mesmo quando estão satisfeitos com o atual, fantasiam sobre viver um tipo diferente de vida, ou escrevem vários rascunhos para redigir uma simples carta ou e-mail. Os satisfeitos são aqueles que não têm muita dificuldade em comprar um presente para um amigo, se contentam facilmente com algo apenas "bom o suficiente" ou não concordam que é preciso testar um relacionamento antes de ter certeza de que vão se comprometer com ele.

Curiosamente, os satisfeitos são mais felizes do que os maximizadores. Isso faz sentido, pois em vez de ficar obcecado em encontrar uma alma gêmea perfeita, os satisfeitos se unem a uma pessoa que seja boa o suficiente e aproveitam o relacionamento. Do mesmo modo que desfrutar das frutas frescas encontradas em uma floresta deixa as pessoas mais felizes do que tentar descobrir se apenas aquela floresta tem boas frutas ou se outras florestas oferecem frutas tão boas quanto aquelas ou até melhores. O viés de confirmação pode ser um efeito colateral que atende à nossa necessidade de satisfação, interrompendo nossa busca por algo diferente quando nos sentimos satisfeitos em um mundo que nos oferece escolhas ilimitadas. Fazer isso pode nos tornar mais felizes e mais adaptáveis. Mas o problema é que continuamos a usar o viés de confirmação mesmo quando ele nos prejudica e nos fornece respostas erradas, como vimos nos muitos exemplos apresentados neste capítulo.

COMBATENDO O VIÉS DE CONFIRMAÇÃO

Quando reconhecemos a origem adaptativa do viés de confirmação, também fica claro o quão desafiador é eliminá-lo. Em uma variação do experimento com a tarefa 2–4–6 conduzida por outros pesquisadores na tentativa de eliminar o viés de confirmação, os participantes foram informados de maneira veemente que testar diferentes trios de números poderia mostrar a eles que sua hipótese está errada e que poderiam testar sua hipótese com números que eles achassem que não se encaixariam na regra. Mesmo uma instrução bastante explícita como essa não os ajudou a encontrar a regra correta. A estratégia de tentar provar a si mesmo que você está errado é extremamente complicada quando o objetivo é encontrar a regra correta.

Mas o fato do viés de confirmação estar tão enraizado em nós torna necessário fazer uso dele para poder superá-lo. E isso não é tão paradoxal quanto parece à primeira vista. O segredo nesse caso é considerar não apenas uma, mas duas hipóteses mutuamente excludentes e tentar confirmar ambas. Vamos examinar uma variação da tarefa 2–4–6 para ver como isso funciona.

Suponha que eu tenha duas categorias em mente. Vamos dar a elas nomes arbitrários para que você possa diferenciá-las, digamos DAX e MED. Cada categoria é definida em termos de regras relativas a sequências de números. Seu trabalho é descobrir qual é a regra de cada categoria.

Para começar, posso dizer que a sequência 2–4–6 pertence à DAX. Você deve descobrir a regra para a DAX como também a regra para a MED me dizendo três números. Sempre que você disser uma sequência, eu direi se é válida para a DAX ou para a MED.

Michelle faz uma tentativa. Como a maioria das pessoas, ela a princípio pensa que DAX é um número par que aumenta de dois em dois, então ela tenta essa regra primeiro.

> Michele: 10, 12, 14.
>
> Eu: Isso é DAX.
>
> Michelle (pensando: *"Ótimo, acho que descobri o que é DAX, então MED pode ser números ímpares aumentando em dois. Vamos verificar se está certo"*): 1, 3, 5.
>
> Eu: Isso é DAX.
>
> Michele: MAS COMO???

Observe que, embora Michelle pensasse que sabia a regra de DAX, ela também precisava descobrir a regra de MED. Assim, ela gerou uma sequência que pensou que seria um exemplo de MED. Ou seja, Michelle estava procurando evidências que confirmassem sua hipótese sobre MED. Essa sequência acabou sendo um exemplo de DAX, fazendo-a perceber que sua hipótese sobre DAX estava errada. Vamos continuar observando.

> Michelle (pensando: *"Ah... Então, DAX é QUALQUER número aumentando de dois em dois. O que poderia ser MED então? OK, talvez qualquer número que aumenta, mas não de dois em dois. Vamos testar"*): Que tal 11, 12, 13?
>
> Eu: Isso é DAX.

Mais uma vez, a tentativa de Michelle de confirmar sua hipótese sobre MED acabou sendo uma evidência que contradizia sua hipótese sobre DAX. O resto segue o mesmo padrão.

> Michelle (pensando: *"Então DAX pode ser qualquer número crescente de uma constante. Então MED deve ser números que NÃO estão aumentando de uma constante. Vamos verificar isso"*): OK, que tal 1, 2, 5? (pensando: *"É melhor que seja uma sequência de MED".*)
>
> Eu: Isso é DAX.
>
> Michelle *("Ah, então DAX deve ser qualquer número crescente! Então MED deve ser números decrescentes. Vamos verificar isso"*): 3, 2, 1.
>
> Eu: Isso é MED.
>
> Michelle: Bingo! DAX é qualquer número crescente e MED é qualquer número decrescente.
>
> Eu: Correto.

Assim como Michelle, 85% dos participantes conseguiram resolver o notório teste 2–4–6 quando ele foi formulado como ter de descobrir duas regras. Isso é um exemplo do que eu disse sobre usar a tendência de confirmar hipóteses para superar o viés de confirmação. Quando as pessoas tentavam confirmar suas hipóteses sobre MED, elas involuntariamente refutavam suas hipóteses sobre DAX. Quando uma sequência que elas acreditavam ser um exemplo da MED, ou não ser um caso de DAX, acabava se revelando como DAX, isso mostrava que sua hipótese sobre a DAX estava errada, forçando a pessoa a revisá-la.

Agora vamos voltar para aquela premiação na Academia Nacional de Ciências em que meu marido estava ao lado de todos aqueles cientistas, em sua maioria homens. Podemos aplicar a mesma estratégia para superar o viés de confirmação, que é a causa do desequilíbrio de gênero no mundo das ciências. Suponha que você comece observando que há, digamos, cinquenta grandes cientistas no palco e que todos eles são homens. Isso leva você a pensar que entende o fator responsável por produzir grandes cientistas: o cromossomo Y. Assim como você precisou descobrir as regras DAX e MED, agora precisamos achar o fator responsável por produzir cientistas incompetentes. Dada sua hipótese sobre grandes cientistas, você levanta a hipótese de que as mulheres não são boas cientistas. Para verificar essa hipótese você dá a cinquenta mulheres inteligentes a oportunidade de se tornarem cientistas. Refutando suas hipóteses originais, todas elas se tornam grandes cientistas.

Outra variação da mesma estratégia é fazer uma pergunta de maneiras opostas. Por exemplo, ao pensar em como está sua vida social, você pode se perguntar se está feliz ou infeliz. Essas duas perguntas versam sobre o mesmo tema e devem suscitar a mesma resposta – como "estou mais ou menos feliz" – não importa como a pergunta seja formulada. No entanto, se você se perguntar se está infeliz, é mais provável que encontre exemplos de pensamentos, eventos e comportamentos infelizes. Se você se perguntar se está feliz, é mais provável que encontre exemplos de coisas felizes. De fato, os participantes de um estudo acabaram se classificando como significativamente mais infelizes quando perguntados se estavam infelizes do que aqueles que foram questionados se estavam felizes.

Para evitar esse tipo de viés de confirmação, devemos nos questionar de modo a gerar evidências para ambas as possibilidades. E há muitas aplicações possíveis deste método. "Sou introvertido?", "Sou extrovertido?", "Sou ruim em ciências?", "Sou bom em ciências?", "Os cães são melhores que os gatos?", "Os gatos são melhores que os cães?". A ordem das perguntas é importante? Sim, pois as respostas à primeira pergunta provavelmente influenciarão as respostas à segunda pergunta. Vamos nos aprofundar nesse ponto em outros capítulos. Por enquanto, o importante é dar a ambos os lados as mesmas oportunidades.

Os Desafios Restantes

Certificar-se de que descobrimos MED e DAX e reverter a ordem de uma pergunta parecem maneiras muito simples de amenizar o viés de confirmação. Talvez pudéssemos adicionar esses métodos ao currículo de pensamento crítico do ensino médio e, como num passe de mágica, o mundo se tornaria um lugar mais racional, certo? Infelizmente, testar a possibilidade alternativa – ou descobrir o que é MED – pode nem sempre ser algo viável.

Às vezes, pode ser arriscado demais. Pense na cueca da sorte, aquela que você sempre usa para fazer as provas finais, ou qualquer outro tipo de ritual que adote para se preparar para reuniões ou partidas importantes. Quando jogava na NBA, Mike Bibby cortava as unhas durante os pedidos de tempo. O Detroit Red Wings joga um polvo na pista de gelo antes das partidas de hóquei. Björn Borg deixava a barba crescer antes das partidas de Wimbledon, e fazia isso apenas antes de Wimbledon. Para provar que esses rituais não são necessários, você teria de estar disposto a aceitar o risco de não fazê-los, renunciando assim à sua suposta proteção. Você teria que fazer as provas finais vestindo cuecas comuns ou jogar hóquei sem um polvo.

É por essa razão que a sangria persistiu por tanto tempo: se alguém foi ensinado que a sangria realmente funciona, então seria inconcebível não seguir essa "prática benéfica". Eu mesmo juro que a planta *Echinacea* funciona como tratamento para resfriados, apesar das evidências científicas não comprovarem sua eficácia. Não correria o risco de não tomar um chá dela da próxima vez que me sentir mal. Eu sei que é viés de confirmação, mas não vale a pena superá-lo se isso pode me levar a sacrificar cinco dias da minha vida a uma doença que acredito que poderia ter sido evitada. Da mesma maneira, se uma pessoa está casada e feliz há muito tempo seria absurdo sair com outra pessoa apenas para testar se realmente há algo de especial em seu cônjuge.

Como um exemplo científico mais moderno de uma crença que as pessoas relutavam em refutar, consideremos o "efeito Mozart", motivado por um estudo publicado em 1993 na prestigiosa revista científica *Nature*.

Os pesquisadores que estudaram o efeito Mozart relataram que estudantes universitários se saíram melhor em um teste de raciocínio espacial depois de ouvirem a Sonata para Dois Pianos, de Mozart (para fãs de música clássica é o K. 448), em comparação com os estudantes que não ouviram a música. A grande mídia aumentou os efeitos dessa descoberta, interpretando-a como evidência científica de que bebês que ouvem Mozart desenvolveriam um QI mais alto. Governadores dos estados com os piores resultados em avaliações de desempenho escolar começaram a distribuir gratuitamente CDs de

Mozart nas maternidades. Em seguida, foi produzido um vídeo de nome "Baby Mozart", que apresentava brinquedos coloridos dançando ao som da obra de Mozart, e posteriormente foram produzidas sequências de vídeos na série "Baby Einstein" para abranger outros gênios, incluindo "Baby Bach", "Baby Shakespeare" e "Baby van Gogh". Estima-se que em 2003 um terço dos lares americanos com bebês possuíam pelo menos um desses vídeos da série Baby Einstein. Mas acabou ficando provado que o efeito Mozart original não durava muito e limitava-se a questões relacionadas ao raciocínio espacial, não ao QI como um todo; inclusive alguns pesquisadores tentaram, sem sucesso, replicar a descoberta original. Um estudo examinou se um desses vídeos que venderam tanto realmente ajudava crianças de 12 a 18 meses a aprender melhor novas palavras, e os resultados não mostraram nenhuma diferença entre crianças que assistiram ao vídeo por um mês em comparação com as crianças que não foram expostas ao vídeo e não receberam nenhum treinamento especial. Em vez disso, o grupo que aprendeu melhor as palavras foram as crianças que aprenderam as palavras apresentadas no vídeo diretamente de seus pais, sem usar o vídeo. Ainda assim, para os pais que tiveram bebês antes dessa nova evidência surgir, comprar o Baby Einstein parecia uma atitude óbvia. Mesmo que não fossem pais com um estilo de educação mais exigente, parecia algo inconcebível privar seus bebês dos potenciais efeitos benéficos do vídeo.

Além de nossa relutância em correr riscos, o viés de confirmação é difícil de ser superado porque é um hábito. Assim como sempre começamos a escovar os dentes de um lado sem pensar a respeito disso, ou roemos as unhas, sacudimos as pernas, enrolamos o cabelo ou estalamos os dedos quando estamos nervosos, da mesma maneira confirmamos automática e inconscientemente nossas hipóteses, como fazemos no experimento 2–4–6. É difícil mudar hábitos. Para pararmos de roer as unhas, podemos tentar usar protetores para os dedos ou cortar as unhas rentes à carne. Mas por onde começamos se queremos abandonar o hábito de confirmação? Aprender as consequências devastadoras do viés de confirmação é o primeiro passo. E outro pequeno passo é dar início à prática de refutar suas suposições sobre coisas que são de baixo risco, coisas cotidianas, introduzindo alguma aleatoriedade em sua vida. Do mesmo modo que gerar uma sequência de números aleatórios como "1, 12, 13" pode inadvertidamente refutar uma hipótese na tarefa 2–4–6, você pode descobrir de repente que aquilo que você está fazendo ou no que está acreditando pode não ser a resposta final para aquela questão. Existe até um aplicativo que pode ajudá-lo com isso.

Max Hawkins, um cientista da computação que trabalhou no Google, imaginou como seria viver de maneira imprevisível. Assim, ele criou um aplicativo que escolheria aleatoriamente um local em sua cidade a partir de uma listagem do Google e chamaria um Uber para levá-lo até lá sem que ele soubesse para onde estava indo. O primeiro local para o qual seu aplicativo o levou era um centro de emergência psiquiátrica, um lugar que ele nunca imaginaria visitar. Mas isso o deixou entusiasmado. Ele começou a descobrir floriculturas aleatórias, mercearias e bares que ele nem sabia que existiam porque, pensando que sua vida estava muito bem definida, ele não explorava outras opções. Ele então expandiu o aplicativo para que escolhesse aleatoriamente eventos públicos que estavam sendo anunciados no Facebook dentro de um intervalo geográfico e temporal que ele especificou, participando de cada um deles. Ele se viu bebendo o coquetel *White Russian* com russos, participando de uma aula de acroyoga e passando cinco horas em uma festa organizada por um psicólogo aposentado que ele nunca havia encontrado antes.

Embora pareça divertido quando outra pessoa está fazendo isso, ainda podemos hesitar em comprar seu aplicativo porque parece assustador se comprometer com tanta aleatoriedade. Assim, apresento a seguir alguns exercícios rápidos que você pode praticar para treinar novas possibilidades. Quando você for ao seu restaurante favorito ou pedir comida para viagem, escolha aleatoriamente um item do menu. Você poderá se surpreender ao descobrir um novo prato favorito (ou mais um prato detestado, aliás). Em vez de seguir o mesmo caminho para o trabalho, tente um novo. Ao fazer compras com seu amigo, permita que ele escolha as roupas para você, para que não compre mais um suéter cinza ou outra camisa azul. Coma costeleta de cordeiro e salada no café da manhã com um copo de leite e, no jantar, cereais e uma omelete com um copo de vinho. A vida é realmente cheia de possibilidades, definitivamente mais do que o número de átomos no mundo observável e não observável, e cabe a você descobri-las.

3

O DESAFIO DA ATRIBUIÇÃO CAUSAL

*Por Que Não Devemos Ter Tanta Certeza Quando
Damos Crédito ou Atribuímos Culpa*

Em janeiro de 1919, enquanto o mundo lutava para se recuperar da Primeira Guerra Mundial e da pandemia de gripe de 1918, líderes das potências vitoriosas se reuniram na Conferência de Paz de Paris para definir os termos dos países derrotados. As negociações logo chegaram a um impasse, pois Woodrow Wilson, presidente dos Estados Unidos na época, não queria punir a Alemanha com muita severidade, enquanto a França e a Grã-Bretanha exigiam reparações muito duras. Em 3 de abril, Wilson pegou uma gripe que o deixou com problemas neurológicos mesmo depois de recuperado. Embora tenha conseguido voltar à conferência de paz, não teve forças para defender sua agenda. Como resultado, o Tratado de Versalhes incluiu reparações que deixaram a Alemanha com uma dívida gigantesca. Muitos historiadores dizem que o dano que o tratado causou à economia alemã abriu caminho para a ascensão de Adolf Hitler e dos nazistas. Assim, alguns se questionam se é possível concluir que, se Wilson não tivesse contraído a gripe, não teria havido o Holocausto.

Atribuir um crime tão atroz e sistêmico contra a humanidade como o Holocausto à gripe de Wilson é algo perturbador, mesmo que a sequência de eventos faça sentido. A explicação causal simplesmente não parece estar certa. Por quê? Uma possibilidade é que não seja uma explicação muito boa. Mesmo que Wilson tivesse permanecido perfeitamente saudável até 1919, não há garantia de que o tratado de paz teria sido menos punitivo, que a economia da Alemanha não teria desmoronado por outras razões ou que Hitler não chegaria ao poder.

Mas para que possamos argumentar, vamos supor que alguém inventou uma máquina do tempo e conseguiu impedir que o vírus da gripe infectasse Wilson, que o tratado fosse menos punitivo e que isso tivesse bastado para impedir que os nazistas chegassem ao poder. Mesmo se fosse possível realizar tal experimento, ainda poderíamos hesitar antes de chamar a gripe de Wilson de a única causa do Holocausto, porque o Holocausto teve várias outras causas possíveis. Para começar, se os pais de Hitler nunca tivessem se conhecido, Hitler não teria nascido. Se não houvesse antissemitismo, o Holocausto também não teria acontecido. E se a Alemanha descobrisse que estava sobre um gigantesco campo de petróleo em 1919 ou se ela tivesse vencido a Primeira Guerra Mundial? Ou se o arquiduque Franz Ferdinand não tivesse sido assassinado em Sarajevo e se essa guerra nunca tivesse sido travada? Embora tudo isso e um número infinito de outras possibilidades poderiam ter frustrado o Holocausto, não culpamos a falta de dinheiro do petróleo da Alemanha, o assassinato do arquiduque ou a vitória dos Aliados pelo Holocausto.

REFERÊNCIAS QUE USAMOS PARA INFERIR CAUSALIDADE

O número de causas possíveis para qualquer evento, não apenas histórico, é infinito. No entanto, podemos reduzi-las a um número menor de causas razoáveis, e há consenso sobre a melhor maneira de fazê-lo porque usamos referências ou estratégias comuns no raciocínio causal. Isso não quer dizer que sempre concordamos sobre a que atribuir culpa ou dar crédito. Alguns historiadores podem argumentar que a gripe do presidente Wilson causou o Holocausto. Ao mesmo tempo, não escolhemos arbitrariamente nenhuma causa. Poucos diriam que uma borboleta batendo as asas em Samoa em 1897 foi a causa da Segunda Guerra Mundial, mas todos concordamos que Hitler foi uma delas. Podemos concordar sobre quais causas são melhores e mais plausíveis porque confiamos em referências semelhantes ao inferir causas de eventos.

Neste capítulo, descreverei algumas das referências para a causalidade que usamos com frequência. Apresento abaixo exemplos do que vou abordar neste capítulo. Observe que alguns nos levam a culpar a gripe de Wilson pelo Holocausto, enquanto outros nos levam a eximi-la. Nossas conclusões causais dependem das referências nas quais confiamos mais.

Semelhança: tendemos a tratar causa e efeito como coisas semelhantes. Talvez fiquemos relutantes em atribuir o Holocausto à gripe de Wilson pela desproporção da relação. Embora Wilson fosse um homem importante e a gripe fosse uma doença grave, a condição de saúde do presidente norte--americano era muito diferente em escala e gravidade do assassinato sistêmico de seis milhões de pessoas.

Suficiência e necessidade: muitas vezes pensamos que as causas são suficientes e também necessárias para que um evento ocorra. Na medida em que a gripe de Wilson é considerada suficiente ou necessária para que o Tratado de Versalhes seja responsabilizado pelo que aconteceu, e suficiente ou necessária para a ascensão de Hitler, podemos pensar na gripe de Wilson como a causa do Holocausto.

Atualidade: quando há uma sequência de eventos causais, tendemos a atribuir mais culpa ou dar crédito a um evento mais recente. A gripe de Wilson foi temporalmente muito distante do Holocausto em comparação com eventos mais imediatos, como a ascensão de Hitler, e, portanto, teve menos culpa.

Capacidade de controle: estamos inclinados a culpar coisas que podemos controlar em vez de coisas que não podemos. A gripe de Wilson não era algo que pudesse ser prevenido de modo confiável, já que não havia vacinas contra a gripe naquela época, mas pode-se argumentar que Hitler poderia ter sido detido antes de assumir o poder. Assim, atribuímos mais culpa ao último evento.

Ao analisar essas indicações, é importante lembrar que são meras heurísticas ou regras práticas. Em outras palavras, embora possam nos ajudar a escolher causas razoáveis, não podem garantir que encontraremos a verdadeira causa. Mas elas tendem a nos dar boas respostas, então confiamos muito nelas sem perceber que também podem nos enganar. Então, a seguir, discutirei como a confiança excessiva em qualquer uma delas pode nos levar a conclusões erradas.

Semelhança

Imagine uma bola amarela e uma bola vermelha sobre uma mesa de sinuca. Se a bola amarela estiver se movendo rapidamente em direção à bola vermelha, a bola vermelha se moverá rapidamente quando a bola amarela a atingir. Se a bola amarela estiver se movendo lentamente, a bola vermelha também se moverá lentamente ao ser atingida. Ou seja, a velocidade da causa (a bola amarela) corresponde à velocidade do efeito (o movimento da bola vermelha). Do mesmo modo, sons altos, como os de uma explosão, sinalizam grandes impactos, enquanto o silêncio geralmente é sinal de paz. Alimentos com cheiro ruim, como carne estragada, tendem a ser ruins para o corpo, enquanto alimentos cheirosos como morangos recém-colhidos tendem a ser bons para o corpo. Na nossa vida cotidiana, as causas geralmente coincidem com os efeitos em termos de magnitude ou características.

Como causas e efeitos tendem a ser semelhantes entre si na realidade, apegamos-nos a esse padrão e assumimos semelhança ao fazer atribuições causais. Ou seja, ficamos surpresos se uma causa é diferente de um efeito. Por exemplo, esperamos que pássaros grandes emitam sons altos; então, quando ouvimos um som alto e descobrimos que vem de um pequeno pássaro, ficamos surpresos e gravamos um vídeo para compartilhar com nossos amigos.

Outro exemplo, poucas pessoas acreditariam que a mudança climática – que afeta a biologia, geologia, economia e essencialmente tudo o que acontece na Terra – poderia ser o resultado isolado de um único derramamento de óleo no oceano; em vez disso, a maioria das pessoas entende corretamente que é causado por uma infinidade de atividades humanas aliadas a desastres naturais, interagindo com a atmosfera da Terra ao longo do tempo. Por outro lado, se o efeito for simples, como um copo quebrado no chão, presumimos que uma pessoa deve ter feito isso, em vez de imaginar que uma família inteira conspirou para quebrá-lo.

Voltando ao exemplo que usei no início deste capítulo, a heurística da similaridade é uma das razões pelas quais nos sentimos perturbados ao afirmar que a gripe de Wilson foi o principal motivo do Holocausto. Pensar que um único caso de gripe foi o culpado pelo Holocausto parece banalizar a tragédia. Mesmo para aqueles que não gostam do presidente Wilson, parece absurdo culpar sua gripe pela morte de quase seis milhões de judeus – junto com as centenas de milhares de *gays*, ciganos e deficientes que também foram sistematicamente assassinados. Em vez disso, busca-se uma causa mais palpável, olhando para o Estado. Esse desconforto ilustra e impulsiona a heurística de similaridade.

Mas confiar na semelhança para fazer inferências causais pode nos enganar, porque causas e efeitos nem sempre são semelhantes entre si. Enquanto alguns alimentos cheirosos, como um morango maduro, são saudáveis, um bolo recém-assado feito com 250 gramas de manteiga e seis ovos não é. E alguns alimentos com cheiro ruim, como durião, kimchi, natto e queijo azul, são bastante saudáveis. Embora o silêncio normalmente indique que não há problema, o longo silêncio de uma criança pequena pode significar problemas – a criança quieta pode estar testando até onde um rolo de papel higiênico vai ou explorando a gaveta de maquiagens da mãe.

A medicina popular oferece muitos exemplos de como o excesso de confiança na semelhança pode ser inútil. Os pulmões de raposa já foram considerados uma cura para a asma. Acreditava-se erroneamente que o prato Ostras das Montanhas Rochosas, que são nada além de testículos de boi fritos, mantinham os testículos dos homens saudáveis e promoviam a produção de hormônios masculinos.

Por outro lado, como confiamos na heurística da similaridade, podemos relutar em endossar até mesmo uma determinada causa quando ela parece muito diferente do efeito. Por exemplo, quando a teoria dos germes foi apresentada pela primeira vez como explicação para doenças, muitas pessoas estavam relutantes em acreditar nela porque não conseguiam conceber que seres tão diminutos como germes poderiam ser poderosos o suficiente para adoecer ou matar humanos. Essa relutância perdura até hoje. Durante a pandemia de 2020, algumas pessoas se sentiram invencíveis, recusando-se a usar máscaras e realizando grandes festas, desafiando todas as orientações médicas. Se o vírus da Covid-19 fosse mais parecido com os Caminhantes Brancos de *Game of Thrones* ou com os zumbis de *The Walking Dead*, a gestão da saúde pública teria sido muito mais fácil.

O objetivo desses exemplos é lembrá-lo das limitações da heurística de semelhança. Às vezes, pequenas causas podem produzir grandes efeitos. Por exemplo, podemos acreditar que uma pequena fraude vai produzir um pequeno dano, mas a fraude pode ter um efeito cascata, afetando outras pessoas de maneiras imprevisíveis. Por outro lado, podemos subestimar pequenos atos de bondade, como sorrir para alguém ou perguntar se uma pessoa está bem. Devemos lembrar que gestos aparentemente insignificantes como esses podem melhorar o dia de alguém, ou talvez até mesmo mudar o curso de uma vida.

Suficiência

Embora nossos julgamentos causais sejam influenciados pela semelhança, ela nem sempre é a principal referência que usamos para descobrir o que causou um determinado resultado. A suficiência é uma sugestão muito mais poderosa.

Suponha que Jill derrame um balde de água gelada sobre Jack e ele grite. O professor de filosofia Phil sai do seu escritório e pergunta por que Jack gritou. Jill confessa que jogou água gelada no colega. O professor Phil não está convencido. "Como você sabe que a causa do grito de Jack foi porque você jogou água?", ele responde. (Não, isso não é algo que alguém normalmente diria em resposta a uma situação como essa, mas o professor Phil é especialista em epistemologia, que é o estudo de como as pessoas conhecem as coisas.) Jill responde: "Porque todas as pessoas que recebem baldes de água gelada sobre a cabeça gritam". Esse é um exemplo de condição suficiente: sempre que X acontece, Y acontece; quando X é uma condição suficiente de Y, inferimos que X é a causa de Y. Até aqui tudo bem.

O problema é que quando nos fixamos em uma causa porque parece suficientemente boa para explicar o resultado, em muitos casos estamos desconsiderando outras causas igualmente possíveis. Voltando a Jack e Jill, uma vez que descobrimos que Jill derramou água gelada no colega, não consideramos outras possíveis causas do grito, como uma cobra indo na sua direção, ou Jack ter-se dado conta naquele momento de que estava atrasado para um compromisso com o professor Phil e assim por diante. Ou seja, pensamos que a causa que temos em mente é suficiente para causar aquele efeito, então ignoramos outras causas que também poderiam ser responsáveis por ele.

Desconsiderar outras causas potenciais funciona na maioria das vezes no mundo real. Mas também é importante estar atento quando estamos fazendo isso, pois podemos duvidar injustamente de alguém. Vejamos um exemplo concreto disso: suponhamos que Gweyneth faça um teste para um programa de TV e consiga o papel. Michelle descobre que o pai de Gweyneth tem uma ligação com o produtor da série. Michelle agora acredita que Gweyneth só conseguiu o papel por causa da conexão do pai com o produtor e descarta a possibilidade de Gweyneth ser uma boa atriz. Mas é perfeitamente possível que Gweyneth tenha essa vantagem mas também seja uma ótima atriz. Nós desconsideramos essas possibilidades o tempo todo. É como se acreditássemos que duas causas são mutuamente excludentes de modo que quando uma está presente, a outra é altamente improvável e não possa ter relação direta com a causa.

Tendemos a pensar que, se alguém se esforça muito para ter sucesso, essa pessoa não é talentosa. Nos meus tempos de colégio e faculdade, havia aqueles colegas irritantes que fingiam que mal estudavam para as provas, tentando parecer mais inteligentes. Tudo indica que a viúva de Mozart queimou 90% dos primeiros esboços das suas composições para criar o mito de que ele era um gênio e criara tudo em sua cabeça. Ninguém pode negar o dom de Mozart, tenham suas composições sido criadas em sua cabeça ou não. Mas se a história for verdadeira, sua viúva era uma excelente publicitária. Como

Michelangelo disse uma vez sobre sua pintura no teto da Capela Sistina: "Se você soubesse quanto trabalho me deu fazer aquilo, não me chamaria de gênio".

Outro exemplo bem conhecido é a relação entre motivação intrínseca e recompensa externa. Uma pessoa que gosta de limpar a casa pode começar a acreditar que não a limpa por puro prazer quando seu pai começa a pagá-la pela tarefa. De fato, um estudo mostrou que, quando as pessoas recebiam um bônus monetário de curto prazo, seu desempenho melhorava e, quando o bônus era removido, sua produtividade caía para um nível mais baixo do que o registrado antes de começar a receber o incentivo. Isso provavelmente acontecia porque, quando passaram a receber o bônus, as pessoas começaram a atribuir sua produtividade a ele, esquecendo da motivação intrínseca que tinham anteriormente. Assim, quando o bônus foi removido, elas ficaram com menor motivação intrínseca do que tinham antes.

De novo, esse tipo de desconsideração não é necessariamente falacioso porque parece ser assim que as coisas são em muitas situações da vida real. Se alguém não está inerentemente interessado em realizar uma tarefa, você terá de pagar para que a pessoa a realize, então há uma relação negativa entre motivação intrínseca e recompensas externa. Na maioria das vezes não somos pagos para fazer coisas que gostamos. Adoro passear com meu cachorro ao amanhecer para ver o sol nascer, mas ninguém me paga para fazer isso. Também é verdade que muitas pessoas talentosas não precisam trabalhar tanto quanto pessoas menos talentosas para alcançar os mesmos resultados. No entanto, focar em uma causa conhecida e descartar todas as outras causas igualmente válidas pode levar a inúmeras conclusões erradas.

Aqui está um exemplo da vida real de como essas desconsiderações podem prejudicar os outros. Em 2005, o economista, ex-secretário do Tesouro dos Estados Unidos e então presidente de

Harvard, Larry Summers, causou grande alvoroço com seus comentários sobre o papel do gênero na ciência, o que acabou se tornando um dos motivos para sua renúncia ao cargo. Ele afirmou que a diferença de gênero nas ciências para pessoas em cargos altos (como professores titulares) pode ser por causa da "questões de aptidão intrínseca e, particularmente, da variação da aptidão". Ou seja, mesmo que os níveis médios de gênero na ciência sejam os mesmos entre homens e mulheres, ele argumentou que há mais homens do que mulheres com talentos inatos realmente excepcionais necessários para ocupar os cargos mais altos.

A controvérsia e o debate na comunidade acadêmica que se seguiram a essa afirmação se concentraram em saber se existem de fato diferenças inatas de gênero na aptidão científica. Aqui, no entanto, quero discutir como a afirmação de que existe diferença na aptidão intrínseca é usada para desconsiderar fatores sociais (como o que a sociedade espera de meninas e mulheres) como a causa da diferença de gênero. De acordo com o *The Boston Globe*, "Summers disse em uma entrevista que... 'A pesquisa em genética comportamental está mostrando que as coisas que as pessoas anteriormente atribuíam à socialização não eram causadas pela socialização, afinal de contas'". Mesmo que de fato haja diferença genética (não concordo que elas existam, mas estou presumindo que sim aqui apenas para fins de discussão), essa descoberta não exclui automaticamente os preconceitos da sociedade relacionados à diferença de gênero. Essa desconsideração injustificada tem consequências devastadoras na vida real, como aumentar ainda mais a diferença entre cientistas do sexo masculino e feminino, como mostra um estudo inspirado nos comentários de Summers.

Todas as participantes do estudo eram mulheres. Primeiro, elas receberam uma passagem de um texto disfarçada de teste de interpretação do texto, depois fizeram um teste de matemática. A manipulação crítica do experimento foi o conteúdo do texto. Um dos grupos leu sobre um estudo que mostrava que "homens e mulheres tinham desempenho idêntico em testes de matemática". Um segundo grupo de participantes leu uma passagem que dizia que "homens têm desempenho melhor do que as mulheres em testes de matemática por causa de alguns genes encontrados no cromossomo Y". Ler essa passagem logo antes de fazer o teste foi suficiente para reduzir as notas das participantes do sexo feminino em cerca de 25%. Essa é aproximadamente a diferença entre as notas A e C nos meus cursos.

Houve um terceiro grupo de participantes que também foi informado de que os homens têm melhor desempenho em testes de matemática do que as mulheres, mas o texto afirmava que isso acontecia porque "os professores são tendenciosos durante os primeiros anos do ensino fundamental, concentrando esforços e expectativas na formação dos alunos do sexo masculino". Essa explicação foi boa o suficiente para elevar as pontuações dos participantes ao mesmo nível daqueles que leram o artigo que defendia não haver diferença de gênero nas notas de matemática. Isso sugere fortemente que os participantes do segundo grupo, que leram sobre as diferenças genéticas entre os sexos, descartaram automaticamente a possibilidade de haver diferenças ambientais e genéticas entre os gêneros. Esse valioso estudo mostra claramente que julgamentos inapropriados podem prejudicar o desempenho.

Desconsiderar uma potencial segunda causa para um fenômeno quando uma causa já é conhecida é algo que fazemos de maneira automática. Às vezes, essa causa conhecida pode refletir a realidade, mas também pode estar completamente errada e ser prejudicial, como vimos anteriormente. Se estivermos cientes disso, nos lembraremos de ter mais cuidado antes de descartar outras possíveis causas, evitando assim que ocorram equívocos ao reconhecer o funcionamento das outras possíveis causas.

Necessidade

Agora que analisamos de perto a questão da suficiência no raciocínio causal, vamos olhar para o outro lado da moeda: a necessidade. Uma condição necessária para um resultado é uma grande candidata a ser de fato a causa desse resultado. Na verdade, é um critério utilizado nos ordenamentos jurídicos, conhecido como regra do "Se não fosse".

Suponha que o personagem Humpty Dumpty se sentasse em um muro com rachaduras, o muro ruísse, ele caísse e rompesse o crânio. Além disso, vamos supor que o rei, o dono do muro, estivesse ocupado jogando golfe e não tivesse assegurado que sua equipe mantivesse o muro em condições seguras. Se o advogado de Humpty Dumpty puder estabelecer que, "se não fosse" pela negligência do rei, Humpty Dumpty estaria bem, então o rei será considerado responsável pela lesão de Humpty Dumpty.

A regra do "crânio da casca de ovo", que se originou de um caso envolvendo um reclamante com um crânio muito fino que morreu em um pequeno acidente, destaca ainda mais a importância da necessidade como critério para determinar a responsabilidade. Alguns estudiosos do direito usam de fato Humpty Dumpty para ilustrá-la, então vamos continuar com esse exemplo. Os advogados de defesa do rei poderiam argumentar que o ferimento de Humpty Dumpty ocorreu simplesmente porque seu crânio era muito frágil – ele é um ovo, afinal, ou pelo menos foi desenhado dessa forma, e os ovos são notoriamente quebráveis. Mas de acordo com a regra do crânio de casca de ovo, o rei ainda seria responsável, porque ainda que o reclamante tivesse a condição médica preexistente de um crânio frágil, a lesão não teria ocorrido se o muro não estivesse em más condições de manutenção.

Nós nos apegamos a esse tipo de raciocínio contrafactual também longe dos tribunais, quando tentamos descobrir o que causou um determinado resultado. Teria B ocorrido mesmo sem a ocorrência de A? Será que eu não teria me envolvido naquele acidente se não tivesse ido àquela loja? Eles teriam continuado casados se ele não tivesse aceitado aquele emprego? Se o resultado for diferente em nosso mundo contrafactual, tratamos esse fator como uma causa. Não há nada de irracional em usar o raciocínio contrafactual para fazer julgamentos causais afinal, ele é muito usado no sistema jurídico.

Ainda assim, nem todas as condições necessárias são causais. Por exemplo, o oxigênio é necessário para o fogo, mas ninguém culpa a presença de oxigênio na Califórnia por seus recorrentes incêndios florestais. Uma pessoa tem de nascer para morrer; se Marilyn Monroe não tivesse nascido, ela não teria morrido. Mas o nascimento de Marilyn Monroe nunca foi atribuído como uma possível causa de sua misteriosa morte. Antes que possamos determinar qual é uma causa a partir de uma infinidade de condições necessárias, precisamos complementar a heurística da necessidade com alguns outros fatos como os que explicarei a seguir. Na verdade, todos os fatores dos quais falo se complementam.

Anormalidade

Tendemos a escolher eventos incomuns como causas. Estar exposto ao oxigênio e nascer não são circunstâncias atípicas. Há oxigênio no ar que nos circunda e todos nós começamos nossa vida nascendo. Mas a negligência do rei com o muro no qual Humpty Dumpty se sentou é um evento anormal, porque a regra seria o rei cuidar das suas propriedades e, portanto, sua negligência é considerada uma causa provável. Do mesmo modo, dores intensas nas costas e o som alto de uma sirene de ambulância são motivos suficientes para aumentar o nível de estresse de qualquer pessoa. Mas se você convivesse com dores nas costas há anos, culparia o barulho de uma sirene pelo estresse que sente se ela começar a tocar próxima ao seu ouvido, se ouvir o barulho de uma sirene não fosse algo habitual para você. Por outro lado, se morasse perto de um hospital, mas raramente tivesse dor nas costas, atribuiria a dor como a principal causa do seu estresse.

Isso ajuda a explicar por que atribuições causais a respeito de um mesmo evento variam tanto dependendo da pessoa envolvida. Definir o que é normal ou anormal pode variar a depender da perspectiva de cada um. Por exemplo, digamos que Lin ficou nervosa durante uma entrevista. Lin é uma mulher calma e confiante; então, de sua perspectiva, a causa dela não ter se saído bem foi o estilo rude do entrevistador. O entrevistador, no entanto, sempre conversa com muitos outros candidatos, então esse tipo de situação é normal para ele. Lin parecia mais nervosa do que os outros, então ele acredita que o nervosismo faz parte da personalidade dela.

Podemos analisar a questão da violência nos Estados Unidos pelo uso de armas de fogo. Em alguns estados, é possível comprar legalmente pistolas, espingardas, rifles e até mesmo armas semiautomáticas. Sempre que ocorre algum tiroteio, a maioria dos americanos culpa os atiradores, argumentando que a maioria dos proprietários de armas não sai por aí atirando nas pessoas. Então deve haver algo anormal nesses atiradores, como saúde mental, capacidade de controlar a raiva, ideologia etc. De uma perspectiva global, é claro que os Estados Unidos são anormais, de acordo com uma pesquisa chamada "Small Arms Survey", o número de armas de fogo por 100 pessoas nos Estados Unidos foi de 120,5 em 2018, o mais alto do mundo. Os Estados Unidos têm mais que o dobro de armas em relação à população do que o segundo colocado, o Iêmen, e quatro vezes mais do que o Canadá. Com base apenas nessas estatísticas, há claramente algo anormal nos EUA quando se trata de armas. Assim, de uma perspectiva global, a quantidade de armas nos Estados Unidos tem uma responsabilidade maior pelos tiroteios em massa do que o caráter individual dos atiradores.

Pessoas que estão analisando o mesmo evento que nós podem tirar diferentes conclusões causais com base nas perspectivas que trazem para ele. Quando nos perguntamos como alguém pode apresentar uma explicação causal tão estranha e sem sentido, pode valer a pena tentar ver o mundo através dos olhos dessa pessoa. Ainda que ela esteja errada, pelo menos entenderemos como ela chegou à conclusão errada. E quem sabe, pode ser que isso faça com que reconsideremos nosso ponto de vista.

Ação

Outra heurística que usamos ao escolher uma causa entre possíveis candidatos causais é culpar mais as ações do que as omissões. Vou apresentar uma adaptação de um exemplo clássico que ilustra isso. Suponha que Ayesha possua ações da Empresa A. Ela decide vendê-las e comprar ações da Empresa B. Quando as ações da Empresa B despencam, Ayesha perde US$ 10 mil. Binita, por outro lado, possui ações da Empresa B (a mesma para a qual Ayesha transferiu seus investimentos). Ela havia pensado em mudar para a Empresa A, mas acabou decidindo manter suas economias na Empresa B. Binita também perde US$ 10 mil, mas não é difícil imaginar que Ayesha, que trocou suas ações da Empresa A pelas ações da Empresa B, tenha se sentido muito pior do que Binita, que não fez nada.

Existem inúmeros exemplos que ilustram como culpamos uma ação mais do que uma inação, ainda que os resultados sejam idênticos. Se soubéssemos que um governo estrangeiro mata 25 mil pessoas inocentes todos os dias sem motivo, ficaríamos indignados, participaríamos de um protesto, escreveríamos para nossos representantes e procuraríamos maneiras de impedir a matança. Mas se lermos em um relatório da ONU que 25 mil pessoas morrem todos os dias de fome e de causas relacionadas à desnutrição (o que é um fato), ficamos tristes, suspiramos e balançamos a cabeça, mas provavelmente não faremos nada além disso – não participaremos de protestos e não escreveremos nenhuma mensagem. Quando alguém mata outra pessoa deliberadamente, isso é assassinato, e a punição pode ser prisão perpétua ou até a pena de morte. Mas se alguém assiste à morte de outra pessoa que poderia ter salvado, ele pode ser considerado culpado por homicídio por negligência, o que acarreta uma pena muito mais branda – de seis meses a dez anos de prisão, na maioria dos estados norte-americanos.

Podemos colocar mais culpa nas ações do que nas inações porque, quando pensamos em possibilidades alternativas, é mais fácil pensar em uma ação específica que gostaríamos de não ter feito do que imaginar todas as coisas que poderíamos ter feito nos casos em que não fizemos nada. Se não fosse por aquele governo perverso ou aquele assassino cruel, essas pessoas não teriam morrido. Mas a inação é mais difícil de desfazer. Em muitos casos, mesmo que tentemos fazer algo, não fica claro se isso poderia ter mudado o resultado.

A inação também é invisível por definição, então podemos facilmente deixar de considerar como ela poderia ter causado eventos específicos. Negligenciar o combate ao racismo ou as alterações climáticas, deixar de denunciar os problemas de falta de equidade que presenciamos e ser cúmplice na manutenção do *status quo*, mesmo quando no fundo sabemos que há alternativas mais justas, são exemplos de omissões nocivas que podem não ser óbvias para nossa percepção.

Ainda assim, ignorar os custos de nossas omissões pode ser a causa de problemas irreversíveis. A possibilidade de que a mudança climática seja irrefreável se não tomarmos as medidas corretas agora é apenas um exemplo. Outro bom exemplo são as consequências de não votar. As pessoas que não votam podem pensar que trata-se de uma atitude inofensiva, mas ao fazê-lo, estão tirando votos de um candidato que poderia ter causado um impacto positivo na vida de muitas pessoas se vencesse. A inação nem sempre é melhor do que uma má ação; às vezes é tão ruim quanto.

Atualidade

Quando há uma sequência de eventos, tendemos a atribuir a responsabilidade pelo resultado final ao mais recente. Seja no basquete, no beisebol ou no futebol, companheiros de equipe e torcedores comemoram com o jogador que marcou o último ponto da vitória em um jogo disputado – como a cesta feita por Michael Jordan contra o Utah Jazz que lhe rendeu seu sexto campeonato pelo Chicago Bulls. Os perdedores, que não conseguiram impedir a jogada que mudaria o destino deles, torturam-se, repassando-a repetidas vezes em suas cabeças. Mas, o fato de ganhar ou perder não é determinado apenas pelo último ponto, mas por todos os pontos acumulados ao longo de todo o jogo. Ainda assim, é a última jogada e o jogador que acertou ou errou nesse momento que recebe toda a glória ou a culpa.

É possível argumentar que há mais pressão para acertar a última jogada ou defender uma vantagem nos momentos finais de uma partida e, por isso, dar mais valor à jogada final é justificável. Isso pode até ser verdade em algumas ocasiões. Mas o experimento a seguir mostra que, para a maioria das pessoas, a ordem temporal importa – mesmo quando claramente não deveria.

Suponha que duas pessoas, Firth e Secondo, cada uma jogue uma moeda. Se ambos obtiverem o mesmo resultado, cara ou coroa, cada um ganha US$ 1.000. Se as moedas caírem em lados diferentes, nenhum dos dois ganha. Firth decide lançar a moeda primeiro, e tira cara. Secondo é o próximo e, ah, mas que pena, ele tira coroa. Lá se vão os US$ 1.000.

Quem leva a culpa? Quase todo mundo (92%) diria que a culpa é do Secondo. Quem deveria sentir-se mais culpado, Firth ou Secondo? Mais uma vez, uma grande maioria diria que Secondo deveria culpar-se pela perda do dinheiro. Se eu fosse o Secondo, me sentiria arrasado. Mas se eu fosse Firth, ficaria furioso e exigiria que Secondo me desse US$ 500. Isso parece uma compensação apropriada por todos os problemas que ele causou. Mas culpar Secondo pela perda é absurdo. Firth é tão culpado quanto Secondo por não ter tirado coroa. Ou melhor ainda, nenhum dos dois deve ser culpado. Lançar moedas é algo aleatório – ninguém tem o poder de fazer as moedas caírem de uma determinada maneira, e a moeda não lembra como caiu na tentativa anterior. Mas tendemos a culpar o evento mais recente, mesmo em casos como esse, em que a ordem temporal não deveria importar.

Por quê? Quando há uma cadeia de eventos, digamos A causando B, B causando C e C causando D, o resultado final D não é apenas causado por A, mas por toda a sequência de A, B e C. Assim, não podemos dar todo o crédito à causa A pelo resultado D, porque se não houvesse B ou C, D não teria acontecido, mesmo que A tivesse acontecido. No entanto, se C acontecesse, D aconteceria mesmo que não houvesse A ou B. Ou seja, C parece merecer mais crédito causal do que A ou B.

O problema de jogar uma moeda é que tendemos a aplicar a mesma heurística aos casos em que a sequência de eventos não tem relação direta causal. Quando Firth lançou a moeda e tirou cara, não fez Secondo tirar coroa no segundo lançamento da moeda. Os dois lançamentos da moedas contribuíram de modo igual e independente para o resultado. O último *touchdown* de um jogo de futebol americano disputado é chamado de "*touchdown* da vitória", mas o anterior foi igualmente importante para a vitória. Quando damos muito crédito ao evento mais recente, mesmo em situações em que a ordem dos eventos não deveria importar, não estamos apenas ignorando os outros fatores responsáveis pelo resultado, mas também privando-os de sua justa parcela de crédito ou culpa.

Capacidade de Controle

Antes de analisar a última sugestão de raciocínio causal que explicarei neste capítulo, vamos voltar um pouco e pensar por que perguntamos "por quê", pois a resposta nos ajudará a entender a base do uso da sugestão sobre a qual falarei. Por que nos envolvemos constantemente em raciocínios causais? Por exemplo, quando seu namorado se atrasa para o jantar, por que você deveria se importar se é por que o carro dele quebrou ou se é por que ele quase se esqueceu do encontro?

Uma das funções mais importantes do raciocínio causal é controlar eventos futuros. Queremos evitar contratempos e repetir bons resultados, identificando as razões pelas quais cada uma dessas coisas aconteceu. Se o carro do seu namorado tiver pifado, é mais provável que você queira continuar o relacionamento do que se descobrir que ele não estava querendo ter um relacionamento tão próximo quanto você. A causa do atraso ajuda você a descobrir se deseja terminar com ele ou não.

Isso nos leva a um sinal importante e útil que levamos em conta: se os fatores são ou não controláveis. Como fazemos atribuições causais para guiar nossas ações futuras, normalmente não culpamos coisas que não podemos controlar. Por exemplo, quando queimei meus dedos ao pegar na tampa de uma panela quente, poderia me culpar por não ter usado uma luva de cozinha, e quando for usar novamente essa panela, sei que preciso usar a luva. Nesse caso, não atribuo culpa por ter me queimado ao fato de possuir dedos ou às leis da termodinâmica, porque não posso fazer nada quando se trata de anatomia ou leis da física. E, embora eu possa culpar o fabricante da panela por vender panelas com alças que esquentam demais, é mais provável que eu culpe a mim mesma por ter comprado essa panela, pois poderia ter comprado uma outra com alças mais resistentes ao calor. Mas não posso fazer nada com relação às decisões do fabricante.

Nossa propensão a atribuir culpa quando acreditamos que havia elementos controláveis pode resultar em reações emocionais radicalmente diferentes ao mesmo resultado. Suponha que Steven estivesse voltando do trabalho e ficasse preso em um engarrafamento causado por um acidente. Quando ele finalmente chega em casa, descobre que a esposa teve um ataque cardíaco e é tarde demais para salvá-la. Obviamente, Steven se sentiria péssimo com o que aconteceu, mas ele chegou tarde em casa por causa de um engarrafamento, algo que estava fora de seu controle. Ele sente dor, mas não culpa.

Agora considere uma versão ligeiramente diferente desse cenário. Assim como no primeiro caso, Steven chega em casa tarde demais para salvar a esposa, mas, neste caso, isso aconteceu porque ele parou para comprar cervejas. Steven provavelmente se culpará pela morte da esposa pelo resto de sua vida, pensando: "E se?".

Mas culpar ações controláveis também pode levar a conclusões absolutamente trágicas. Considere as vítimas de crimes, muitas das quais se culpam pelo ocorrido. Uma vítima dos crimes hediondos cometidos por Jeffrey Epstein foi entrevistada no programa *Today*, da NBC. Ela começou a fazer "massagens" nele quando tinha 14 anos e depois ele a estuprou. O entrevistador perguntou: "Quando pensa nisso, você usa a palavra estupro? Você reconhece isso?". A mulher respondeu: "Não, acho que não. Eu apenas penso, sabe como é, foi minha culpa".

É claro que existem inúmeras explicações sociológicas e culturais para explicar por que as vítimas se culpam. Em termos de atribuições causais, isso acontece porque é mais fácil imaginar a reversão de suas próprias atitudes do que das atitudes dos agressores.

As vítimas podem pensar: "Se eu não tivesse tomado aquelas bebidas a mais" ou "E se eu não tivesse sorrido naquele momento?". Na mente delas, esses são comportamentos que elas poderiam ter controlado. Os comportamentos do agressor são muito mais difíceis de mudar. Consequentemente, as vítimas culpam a si mesmas, mesmo que os agressores sejam obviamente os reais culpados.

PENSAMENTO EXCESSIVO E RUMINAÇÃO

O raciocínio causal pode ser bastante aparente, como no caso de determinar o que fez Jack gritar quando Jill jogou água fria nele. Mas também pode ser mais complexo, como quando buscamos explicar por que não há tantas mulheres cientistas. Em casos extremamente desafiadores, podemos chegar ao ponto de não conseguir descobrir as causas de um determinado resultado, não importa quantos indicadores usemos. Então, para finalizar nossa reflexão sobre o assunto, vamos considerar casos em que questões causais são quase imperceptíveis.

Acredito que uma das perguntas mais delicadas é "Por que eu?". Quando muitas coisas ruins acontecem com alguém, a pessoa naturalmente faz essa pergunta a si mesma. Isso leva à ruminação, sempre os mesmos pensamentos que se repetem, e ainda podendo fazer surgir mais perguntas desse tipo: "Por que isto está acontecendo comigo?", "Por que não consigo me adequar?", "Por que isso me incomoda?", "Por que não consigo seguir em frente?". Quando alguém fica continuamente tentando encontrar respostas para perguntas irrespondíveis, é natural que essa pessoa se sinta cada vez pior.

Susan Nolen-Hoeksema, uma colega da Universidade de Yale que faleceu aos 53 anos, mostrou, por meio de sua pesquisa inovadora no campo da psicologia clínica, como a ruminação de pensamentos pode causar depressão. Em seu estudo, alunos de graduação foram recrutados com base em seus níveis de depressão. Um grupo de participantes era composto por pessoas moderadamente depressivas, ou seja, elas não tinham necessariamente sido diagnosticadas com depressão, mas apresentavam alguns sintomas depressivos. O outro grupo de participantes não apresentava nenhum sintoma depressivo.

Durante o estudo, todos os participantes foram instruídos a refletir sobre seus pensamentos e emoções, como "seu nível atual de energia", "o que seus sentimentos podem significar" e "por que você reage da maneira que reage". Observe que trata-se de perguntas neutras, que não têm a intenção de induzir pensamentos depressivos. Os participantes se envolveram nessa tarefa de ruminação do pensamento por oito minutos. Não tente fazer isso em casa se você for depressivo, porque quando a depressão deles foi medida novamente, aqueles que tinham tendências depressivas ficaram significativamente mais deprimidos, apenas por pensarem nas razões para suas emoções negativas.

Embora a ruminação não tenha causado depressão nos participantes não depressivos nesse estudo, podemos observar que aqueles que geralmente são felizes também podem ser afetados pela ruminação, porque tendemos a perguntar o que causou eventos negativos e por que às vezes ficamos mais infelizes. Não perdemos o sono tentando descobrir por que algo deu certo, como ser aprovado em um exame difícil ou fechar um negócio bem-sucedido. É quando as coisas dão errado e estamos tristes ou mais depressivos que começamos a ficar obcecados com os porquês. Por isso, pessoas que convivem com estressores crônicos, como um casamento sem amor, problemas financeiros ou empregos insatisfatórios, tendem a ruminar mais. A razão é simples: quando as pessoas estão lidando com seus problemas, tentam descobrir suas causas na tentativa de resolvê-los e evitar erros futuros. Elas acham que estão obtendo *insights*.

Infelizmente, estudos também mostram que a ruminação nos impede de resolver nossos problemas de maneira eficaz. Isso pode ser devido ao viés de confirmação. Quando nos sentimos deprimidos, trazemos à tona continuamente memórias que confirmam esse sentimento de tristeza. É difícil ser capaz de solucionar problemas de maneira construtiva quando você não tem fé em si mesmo. Como a ruminação não ajuda a descobrir soluções ou causas, pode gerar mais incerteza, ansiedade e desesperança quanto ao futuro, podendo também levar ao abuso de álcool e distúrbios alimentares.

Uma maneira de abordar questões causais extremamente difíceis ou quase insolúveis de maneira construtiva é distanciar-se da situação. Quando estamos ruminando, tendemos a mergulhar no problema. Por exemplo, quando você está tentando descobrir por que um evento trágico ocorreu, você pode essencialmente reviver a experiência repetidas vezes. Sem dúvida, isso trará todas as emoções negativas à tona. Quando você está imerso dessa maneira, também é difícil se envolver na solução dos problemas, pois você fica emocionalmente esgotado para manter a perspectiva necessária.

Em vez disso, tente se distanciar, mesmo que o problema afete apenas a você. Tente dar um passo atrás e assumir a perspectiva de uma pessoa diferente. Estou citando as instruções que foram dadas aos participantes de outro estudo, que demonstrou a eficácia de uma abordagem distanciada para resolver conflitos interpessoais. Os participantes foram instruídos a recordar um momento em que se sentiram extremamente zangados e hostis em relação a alguém. Então foi solicitado que recuassem, afastando-se dessas experiências... "Observe o desenrolar do conflito como se estivesse acontecendo tudo de novo, mas agora você está observando a distância". Enquanto mantinham essa nova perspectiva, foi-lhes dito: "Tente pensar quais emoções está sentindo agora que você está distante". Nesse mesmo estudo, outros participantes foram instruídos a usar a abordagem de imersão. Os que usaram a perspectiva distanciada mostraram significativamente menos raiva do que os integrantes do segundo grupo, tanto no nível consciente quanto no inconsciente.

O autodistanciamento também gerou benefícios em longo prazo. Os participantes voltaram ao laboratório uma semana após o experimento em que foram instruídos a se distanciar do problema em questão. Nessa segunda sessão, foi solicitado que reconsiderassem o evento negativo, mas sem recomendações para que se distanciassem. Mesmo sem as instruções explícitas, os participantes relataram emoções negativas significativamente menos intensas em comparação com o outro grupo que não havia se distanciado da experiência negativa durante a primeira sessão. Como eles tinham observado a situação de maneira diferente, distanciando-se, foi como se aquela nova representação tivesse se fixado a eles.

Uma grande questão permanece sem resposta: como saber quando uma pergunta pode ou não ser respondida de maneira satisfatória? Se considerarmos seriamente a questão, nenhuma pergunta que começa com "por que" pode ser respondida de modo absoluto. Nunca é possível descobrir as verdadeiras causas de qualquer evento.

Podemos nos envolver em um raciocínio contrafactual para considerar se o Holocausto poderia ter acontecido se o presidente Wilson não tivesse uma gripe, mas nunca vamos obter uma resposta definitiva a respeito disso. Não podemos mudar apenas um acontecimento no passado e presumir que o resto permaneceria o mesmo, porque isso não aconteceria (é por isso que detesto a maioria dos filmes ou séries de TV envolvendo viagens no tempo, pois simplesmente não poderia funcionar da maneira que os protagonistas normalmente presumem).

Mesmo para sequências causais aparentemente muito mais simples e menos históricas, nunca podemos ter 100% de certeza do que causou o quê. Suponhamos que Sarah receba US$ 100 de aniversário de sua avó e fique feliz. Mas, sem que ela mesma saiba, Sarah pode ter ficado feliz por causa do clima ou de um lagarto bonito que acabou de ver, ou por saber que em breve irá comer seu bolo de aniversário.

É possível afirmar que às vezes vemos a causalidade em ação. Uma bola vermelha rola em direção a uma bola amarela e, após o contato, a amarela começa a se mover. Não acabamos de testemunhar a bola vermelha causando o movimento da bola amarela? Mesmo quando observamos sequências causais com nossos próprios olhos, não há garantia de que um evento tenha causado outro, como observou David Hume, um filósofo escocês do século XVIII. A bola amarela pode ter sido movida por alguma outra força que não a bola vermelha, ou mesmo por conta própria. A percepção da causalidade é uma ilusão.

Quando acreditamos ter encontrado a resposta certa para uma pergunta do tipo "por que", em certo sentido, não fizemos nada além de encontrar a melhor resposta para o que devemos fazer se quisermos que o mesmo resultado ocorra na próxima vez que nos depararmos com uma situação semelhante – e o que devemos evitar fazer se nosso objetivo for alcançar um resultado diferente. Por essa razão, talvez os tipos de perguntas que valham a pena responder sejam aquelas que têm o potencial de nos fornecer *insights* para guiar nossas ações futuras. Se nunca nos depararmos com uma situação semelhante, não é apenas impossível identificar a resposta, mas também inútil. Quando uma pessoa para de ficar obcecada com o porquê de certos acontecimentos, especialmente aqueles que ela gostaria que não tivessem acontecido, consegue se distanciar da situação, o que pode ajudá-la a se libertar de emoções negativas como remorso e arrependimento e talvez também permitir que se envolva em atitudes mais construtivas da próxima vez que se deparar com uma situação complicada.

4

OS PERIGOS DOS EXEMPLOS

O Que Deixamos de Perceber Quando Damos
Atenção às Histórias

Eu uso muitos exemplos em minhas aulas, pois a pesquisa em psicologia cognitiva me indica que é útil fazê-lo. Exemplos vívidos são mais convincentes, mais fáceis de entender e mais difíceis de esquecer do que explicações abstratas e descontextualizadas. Como exemplo (é claro), considere o seguinte:

> Se você precisa de uma grande força para realizar algo, mas não pode aplicar essa força diretamente, pode aplicar diversas forças menores em diferentes direções e obter os mesmos resultados.

Esta é uma descrição altamente abstrata e descontextualizada e, embora faça sentido, é difícil entender para quais situações pode ser relevante, por isso é improvável que alguém se lembre dela amanhã. Agora, considere a seguinte história:

> Um pequeno país caiu sob o domínio de um ditador que governava de dentro de uma fortaleza. A fortaleza ficava no centro do país, cercada por fazendas e aldeias. Muitas estradas irradiavam para fora da fortaleza como os raios de uma roda. Surgiu então

um general que levantou um grande exército na fronteira e jurou capturar a fortaleza e libertar o país do ditador. O general sabia que se todo o seu exército atacasse a fortaleza de uma vez, seria possível invadi-la e dominá-la. O líder reuniu suas tropas no início de uma das estradas que levavam à fortaleza e preparou o ataque. Naquele momento, um espião trouxe ao general informações perturbadoras. O implacável ditador plantara minas em todas as estradas, colocadas de modo que pequenos grupos de homens pudessem passar por elas com segurança, já que precisava mover suas próprias tropas e trabalhadores para a fortaleza. Mas a passagem de um grande grupo detonaria as minas, o que não apenas mataria muitos soldados e tornaria a estrada intransitável, mas também faria com que o ditador destruísse muitas aldeias em retaliação. Um ataque direto e em grande escala à fortaleza, portanto, parecia uma tarefa impossível. Assim, o general elaborou um plano simples. Ele dividiu seu exército em pequenos grupos e despachou cada um deles para o início de uma estrada diferente. Quando tudo estava pronto, ele deu o sinal. Cada grupo marchou pela estrada até a fortaleza, chegando ao local exatamente no mesmo momento.

A história apresenta o mesmo ponto conceitual do princípio abstrato que citei anteriormente e, embora seja menos concisa, é mais envolvente e fácil de ser guardada na memória. Exemplos concretos são muito mais poderosos do que descrições abstratas e fixam-se muito melhor na mente.

E também são mais convincentes. Em 1969, o Congresso dos Estados Unidos aprovou uma lei de saúde pública sobre cigarros (Public Health Cigarette Smoking Act) que obrigava os fabricantes a colocar advertências nos maços de cigarro com os seguintes dizeres: "Aviso: a medicina adverte que fumar é perigoso para a sua saúde".

O aviso era tão vago que teve pouco efeito. Em 1984 uma nova lei nesse sentido foi promulgada (Congress's Comprehensive Smoking Education Act), exigindo advertências específicas como, por exemplo, informar que cigarros causam câncer de pulmão, doenças cardíacas, enfisema, complicações na gravidez e lesões fetais. Mas mesmo esses avisos mais específicos parecem vazios e insossos. Eles não fazem a pessoa ficar sem ar.

Na Austrália, as advertências sobre o tabaco são acompanhadas por fotos, como a de um bebê prematuro com braços deformados, respiradores que fornecem oxigênio presos a um nariz enrugado e repulsivos dentes esverdeados ao lado de uma advertência sobre câncer de boca e garganta. Há evidências científicas de que essas imagens perturbadoras funcionam. Uma campanha antitabagismo promovida pelo governo norte-americano, chamada "Tips from Former Smokers" [Dicas de Ex-fumantes], apresentou depoimentos, como o de um homem falando por meio de uma caixa de voz eletrônica após ter sido submetido a uma laringectomia total como consequência de um câncer na garganta. Outro ex-fumante exibia cicatrizes no peito causadas por suas cirurgias cardiovasculares e um terceiro teve metade da mandíbula removida por causa de um câncer na boca. A campanha fez com que as tentativas de abandono do vício aumentassem em 12%. Em março de 2020, a Food and Drug Administration dos EUA (órgão equivalente à ANVISA, no Brasil) publicou novas normas segundo as quais as advertências nos maços de cigarros devem sempre vir acompanhadas por imagens reais sobre os efeitos negativos do tabagismo à saúde.

Ainda que exemplos vívidos sejam uma ótima maneira de se comunicar e convencer alguém de algo, este capítulo trata dos perigos associados a eles. Exemplos específicos e casos ilustrativos podem, muitas vezes, ser convincentes demais, levando-nos a violar princípios racionais importantes. Em 2020, por exemplo, não era incomum ouvir pessoas dizerem coisas como: "Meu avô testou positivo para a Covid-19 e se recuperou em uma semana. Afinal, a Covid é apenas uma gripe" ou "Meu amigo nunca usa máscara e não pegou Covid". Para muitas pessoas, uma ou duas histórias contadas por pessoas que elas conhecem são mais persuasivas do que evidências científicas baseadas em amostras muito mais amplas.

Quem usa mídias sociais, como Instagram e Facebook, sabe que as lindas fotos dos nossos amigos em férias, comidas e bebidas chiques são momentos cuidadosamente selecionados de suas vidas e não a maneira como eles vivem. Mas olhando para aquela piscina cor de água-marinha, a bolsa Chanel colocada ao lado de uma bebida tropical ou os rostos radiantes de seus amigos, é quase impossível imaginar que eles também tenham de lidar com inseguranças, problemas de raiva ou surtos ocasionais e prisão de ventre, como todo mundo.

Para evitar a influência dos exemplos vívidos e casos pessoais, podemos nos perguntar por que eles são tão influentes. Alguns pesquisadores afirmam que é porque nossa mente é construída para pensar em termos do que experimentamos e percebemos, e não sobre conceitos abstratos. Ou seja, nosso pensamento se baseia principalmente naquilo que podemos ver, tocar, cheirar, provar ou ouvir. Por exemplo, uma foto da boca de alguém com câncer oral é convincente, pois quase faz você sentir a mesma dor na gengiva que sentiu um dia em um consultório odontológico. Embora eu concorde com essa proposta, ela não nos ajuda a desconsiderar uma história que talvez você tenha lido, em abril de 2021, sobre uma mãe de três filhos que morreu por causa de um coágulo sanguíneo após tomar a vacina Johnson & Johnson contra a Covid-19. Na nossa mente, essa história pode, ela sozinha, se sobrepor às estatísticas das autoridades de saúde, segundo as quais apenas seis das 6,8 milhões de pessoas que receberam a vacina da Johnson & Johnson até hoje desenvolveram esses coágulos. Então, vamos reformular a pergunta: por que somos menos influenciados por estatísticas abstratas do que por exemplos de casos específicos?

CIÊNCIA DE DADOS 101

A principal razão para não sermos convencidos pelas estatísticas é que a maioria de nós não as compreende de modo pleno. Há pelo menos três conceitos-chave que todos precisamos entender melhor para evitar julgamentos irracionais na vida cotidiana. São eles: lei dos grandes números, regressão à média, e teorema de Bayes. Esses termos soam técnicos, e alguns leitores podem ficar desanimados apenas ao vê-los escritos. No entanto, há estudos que mostram que aprender sobre esses princípios ajuda de fato as pessoas a fazer avaliações mais precisas. Explicarei cada um deles a seguir. E não se preocupe: usarei muitos exemplos.

Lei dos Grandes Números

Existem inúmeros exemplos da vida real em que ignoramos a lei dos grandes números e, em vez disso, contamos um caso exemplar. Eu já desvendei alguns, mas aqui vou colocar novos exemplos. A grande maioria das *startups* falha – algo entre 70 e 90% delas, dependendo da fonte da informação. No entanto, uma história sobre como três caras deixaram de alugar colchões para criar o Airbnb, uma empresa que faturou US$ 31 bilhões em 2020, pode fazer qualquer um criar fantasias sobre tornar-se um empresário rico.

Veja um exemplo que envolva as mudanças climáticas. Apesar de inúmeras estatísticas que mostram os níveis crescentes de dióxido de carbono atmosférico ao longo de milhares de anos causando elevação das temperaturas médias e do nível do mar, uma única tempestade de neve pode fazer o presidente dos Estados Unidos tuitar: "O que será que está acontecendo com o Aquecimento Global?". Stephen Colbert foi o autor da resposta perfeita para o tuíte: "O aquecimento global não é real porque hoje nevou e eu senti frio! Além disso, tenho ótimas notícias: a fome mundial acabou porque eu acabei de comer".

Não seria prudente citar apenas casos para ilustrar o problema de dar crédito demais a exemplos, então vamos falar sobre evidências científicas baseadas em experimentos mais controlados com amostras maiores. Um estudo usou universitários para obter *insights* sobre um tópico que é muito importante para eles: avaliações dos cursos. No final de cada período, a maioria das faculdades pede aos alunos que avaliem vários aspectos das disciplinas que acabaram de cursar. Um grupo de participantes recebeu as classificações médias de avaliação do curso feitas por ex-alunos, como "Avaliação média do curso (com base em 112 de 119 inscritos): Bom". O outro grupo assistiu a vídeos de alguns comentários verbais dos alunos, como: "Fiz o curso de aprendizado e memória e o classifiquei como bom... O curso abrange o aprendizado e a memória de modo positivo, embora seja tão geral que não possa ser tão aprofundado quanto se gostaria. Às vezes eu me sentia entediado... Mas havia uma quantidade substancial de informações valiosas". Todos os participantes – os que receberam apenas as avaliações e os que ouviram apenas os comentários – selecionaram os cursos nos quais desejavam participar nos próximos anos. Os resultados mostraram que os comentários com histórias afetaram as escolhas dos participantes de maneira muito mais significativa do que as avaliações médias, ainda que estas últimas tenham sido baseadas em um universo de análise muito mais amplo e confiável.

Dentro do tema lei dos grandes números, apresentarei outro estudo, mas nesse caso os pesquisadores também tentaram descobrir se os participantes seriam capazes de evitar ser excessivamente afetados por um único caso se tomassem conhecimento dessa falácia de raciocínio, assim como está acontecendo com quem está lendo este capítulo. Os participantes foram informados de que ganhariam US$ 5 para responder a uma pesquisa que não tinha nada a ver com o estudo real. Quando terminaram, receberam o pagamento em dinheiro, juntamente com um envelope contendo uma carta de solicitação da instituição de caridade Save the Children, descrevendo uma crise alimentar na África do Sul. Os participantes foram instruídos a ler a mensagem com atenção.

Um grupo de participantes recebeu uma carta com informações factuais retiradas do site da entidade, como: "A escassez de alimentos no Malawi afeta mais de três milhões de crianças. Quatro milhões de angolanos – um terço da população – foram forçados a fugir de suas casas". Em média, esses participantes doaram US$ 1,17.

O outro grupo não recebeu dados estatísticos. Em vez disso, mostraram a esses participantes a foto de Rokia, uma garotinha de 7 anos do Mali, acompanhada de uma história sobre a grave ameaça que ela enfrenta devido à fome e à desnutrição. A doação média desse grupo foi de US$ 2,83, mais do que o dobro. Um modo de interpretar esses resultados é que os participantes ficaram mais convencidos a respeito da crise alimentar na África do Sul ao serem apresentados a um único caso do que quando foram expostos a milhões de outros casos. Se isso for verdade, essa situação violaria a lei dos grandes números.

O estudo também contou com um terceiro grupo de participantes, que foram ensinados sobre esse efeito de vítima identificável. Aprender sobre seu absurdo reduziria seus efeitos? Os participantes do que chamamos de "condição de intervenção", por sua vez, foram divididos em dois grupos: um teve acesso a dados sobre o sofrimento de milhões e o outro leu a história de Rokia. Mas o grupo de teste também leu o seguinte texto:

Estudos mostram que as pessoas costumam reagir mais ativamente a caos que envolvem pessoas específicas do que a casos estatísticos que apresentam dados sobre pessoas com problemas. Por exemplo, quando a "Bebê Jessica" caiu em um poço no Texas, em 1989, as pessoas enviaram mais de US$ 700 mil para ajudar no resgate. Dados estatísticos – por exemplo, as milhares de crianças que certamente morrerão em acidentes automobilísticos no próximo ano – não costumam despertar reações tão intensas.

Esse texto fez diferença em um aspecto: o grupo que acabara de ler sobre Rokia doou em média US$ 1,36, menos do que teria doado se não tivesse lido o texto explicativo sobre o efeito "Bebê Jessica". Infelizmente, a leitura desse texto não aumentou a doação média entre os participantes que receberam apenas os dados estatísticos. Aprender sobre o poder da especificidade nos exemplos pode ter tornado as pessoas um pouco mais racionais, mas não ajudou em termos de doações gerais para a Save the Children. Em termos mais abstratos, aprender sobre o absurdo do efeito da vítima identificável não tornou as pessoas mais influenciáveis por dados mais abrangentes. É por isso que tantas organizações como a Save the Children, em seus esforços para arrecadação de fundos, apresentam em seus sites, além de estatísticas, histórias ao lado de fotos de lindas crianças, o que parece ser a abordagem ideal.

Mas outro estudo mostrou que há uma maneira de ajudar as pessoas a buscar mais dados e dar mais credibilidade a eles, ou seja, ensiná-las sobre por que a lei dos grandes números é racional. Eu poderia descrever esse estudo, mas para tornar minha explicação mais vívida e fácil de memorizar, usarei a mim mesma como exemplo.

Quando meu filho tinha 5 anos, o inscrevi em um curso de patinação para iniciantes. Ele conseguiu ficar de pé sobre a pista de gelo e dar alguns passos, mas no final da terceira temporada isso ainda era tudo o que ele conseguia fazer (sim, estou falando da terceira temporada, não da terceira aula). Também o inscrevi na escolinha de futebol quando ele tinha 7 anos. Durante um dos jogos, notei que sempre que a bola voava em sua direção, ele fugia dela. Com base nesses exemplos, parecia claro para mim que ele não gostava de esportes.

Mas de acordo com a lei dos grandes números, precisamos pensar em *todos* os esportes, não apenas futebol e patinação, mas tênis, vôlei, beisebol, basquete, surfe, *curling*, remo, escalada, trenó, adestramento, arco e flecha. Suponha que existam cem tipos diferentes de esportes no mundo. Os estatísticos chamam isso de "população", ou seja, todo o conjunto de coisas em consideração. Eu havia observado apenas duas amostras dele, patinação e futebol, mas fiz uma inferência sobre toda a amostragem. Generalizar com base em um número tão pequeno de amostras em relação à população geral é problemático. Suponha que, de uma população de cem esportes, meu filho estivesse realmente interessado em sessenta deles. Mesmo que ele pudesse ter gostado de mais da metade dos possíveis esportes, não é improvável que os dois que sua mãe escolheu para apresentá-lo primeiro não fossem sua praia. Afinal, havia quarenta deles que ele não iria gostar.

Quanto ao meu filho, ainda bem que a escola dele exige que todos os alunos pratiquem algum esporte. Ele tornou-se capitão da equipe de *cross-country* e ainda corre regularmente. Talvez ele não estivesse fugindo da bola de futebol, mas apenas gostasse de correr.

Regressão à Média

O próximo conceito estatístico, regressão à média, não é fácil de entender. Tive contato com essa ideia pela primeira vez quando estava na pós-graduação, mas, para ser sincera, acho que não entendi o conceito naquela época. Como venho ensinando sobre o tema há várias décadas, acho que finalmente descobri uma maneira eficiente de explicá-lo. Uma boa maneira de começar é com o fenômeno conhecido como o "feitiço da capa da *Sports Illustrated*", que costuma ser usado como exemplo de regressão à média.

Quando um indivíduo ou uma equipe aparece na capa da revista *Sports Illustrated*, seu desempenho geralmente começa a diminuir após a publicação. Por exemplo, a edição de 31 de agosto de 2015 da revista traz na capa uma foto de Serena Williams, uma das melhores tenistas do mundo, olhando atentamente para a bola que acabou de jogar para cima para sacar. A manchete era: "TODOS OS OLHOS EM SERENA: O SLAM". Na parte interna da revista, o artigo trazia o seguinte texto: "Serena tem a chance de ganhar todos os Grand Slams do ano pela primeira vez em sua carreira... Este ano, Serena derrotou Maria Sharapova na final do Aberto da Austrália, Lucie Šafářová na final do Aberto da França e Garbiñe Muguruza na final de Wimbledon". Mas assim que a reportagem chegou às bancas, Serena perdeu para a italiana Roberta Vinci no Aberto dos Estados Unidos, sem sequer chegar à final do torneio.

Em 4 de setembro de 2017, Tom Brady, que na época já havia conquistado quatro prêmios de melhor jogador do Super Bowl e dois prêmios de melhor jogador da NFL, apareceu na capa da *Sports Illustrated*. Ele ainda estava jogando pelo New England Patriots naquele ano, e a capa promovia a nova temporada, com a manchete, O PROBLEMA DOS PATRIOTS: A DINASTIA IRREFREÁVEL PODE SER INTERROMPIDA? RESPOSTA: NÃO. Acontece que esta capa também estava errada. Os Patriots perderam para o Kansas City Chiefs por 42–27 no jogo de abertura da temporada.

Se a maldição é real, por que isso acontece? Talvez aqueles que se tornam famosos o suficiente para merecerem aparecer na capa adotem uma postura arrogante e baixem a guarda. Ou talvez fiquem ansiosos demais com os holofotes que os iluminam. Mas em vez de culpar os próprios atletas, podemos explicar o feitiço como um fenômeno estatístico conhecido como regressão à média. O que se segue é um exemplo extremo que foi inventado para explicar esse conceito. Voltarei à maldição depois.

Imagine que dez mil alunos façam um teste de respostas com as opções verdadeiro/falso para 100 perguntas. Digamos que nenhum deles tenha conhecimento prévio sobre o teor das questões, que são do tipo "O número do seguro social de Jennifer Lopez termina em número par" e "Ruth Bader Ginsburg tinha 15 pares de meias esportivas em 2015". Todos os alunos devem chutar as respostas. Em outras palavras, não há variação entre as verdadeiras habilidades dos alunos em responder a essas perguntas. Mas, como são questões do tipo verdadeiro/falso, a pontuação média nesse teste não é zero, mas provavelmente 50 em 100, com muitos dos alunos marcando entre 40 e 60. No entanto, é possível – embora muito raro – que a pessoa mais sortuda neste grupo adivinhe 95 respostas corretamente, e outra com pouca sorte acabe acertando apenas 5.

Agora, suponha que esses mesmos dez mil alunos façam um novo teste de respostas do tipo verdadeiro/falso, também com 100 questões, e, de novo, eles vão apenas selecionar respostas aleatoriamente. O que aconteceria com quem tirou 95 ou 5 no primeiro teste? É muito improvável que aquele que acertou 95% das respostas na primeira tentativa fosse tão afortunado de novo. E aquela pessoa que errou 95 respostas também não repetirá esse resultado uma segunda vez. Portanto, as pontuações dos examinandos extremamente sortudos tendem a cair e as pontuações dos examinandos extremamente azarados tendem a subir. Isso não tem nada a ver com o conhecimento, a motivação ou a ansiedade dos alunos. É um fenômeno puramente estatístico chamado regressão à média. Pontuações extremas no primeiro teste tendem a se mover em direção à média no segundo.

A regressão à média não acontece apenas nos casos em que os participantes do teste estão chutando as respostas. Seja em testes, seja nos esportes, na música ou em qualquer outra atividade, sempre há fatores aleatórios que afetam o desempenho das pessoas, fatores esses responsáveis por um resultado melhor ou pior do que o que elas seriam capazes de alcançar. Com esse fenômeno estatístico em mente, fica mais fácil entender o feitiço da capa da *Sports Illustrated*. Os atletas de ponta também são afetados por fatores aleatórios, como condições de jogo, intensidade da competição em seus calendários, qualidade do descanso e da alimentação, quiques aleatórios da bola, erros de arbitragem e assim por diante. Quando esses fatores aleatórios trabalham a favor, é mais provável que os atletas mostrem seu verdadeiro talento ou mesmo o superem. É quando dizemos: "Uau, o que deu nela hoje?". Aqueles que tiveram um desempenho tão bom a ponto estamparem a capa da *Sports Illustrated* provavelmente tiveram muitos fatores aleatórios alinhados a seu favor por um período notável. Mas, estatisticamente, isso não pode durar para sempre, e não vai durar. Nenhum campeão tem registros perfeitos. Não estou dizendo que os grandes jogadores são apenas caras de sorte e que, quando a sorte acabar, eles voltarão ao nível de um jogador mediano. Mas quando se está jogando em um nível extremamente alto de competição, até mesmo um pouco de azar pode significar uma derrota e, portanto, o feitiço.

Se ignorarmos a regressão à média, corremos o risco de fazer atribuições causais imprecisas, conhecidas como falácia da regressão. Por exemplo, podemos supor que um atleta se tornou muito arrogante ou preguiçoso depois de se tornar famoso, quando sua queda de desempenho foi, na verdade, causada pela regressão à média. A mesma coisa também pode acontecer na direção oposta, uma vez que isso nos leva a dar crédito indevido às pessoas. Por exemplo, digamos que um professor crie um novo método de ensino projetado para motivar os alunos e o experimenta com estudantes que obtiveram as piores notas no último exame. Quando as notas desses alunos sobem, o professor afirma que isso aconteceu porque seu método de ensino os motivou a estudar. No entanto, isso também pode ser um exemplo de regressão à média. Aqueles que tiveram o pior desempenho no primeiro exame provavelmente tiveram alguns fatores aleatórios trabalhando contra eles, como ter um dia ruim ou ter que responder a perguntas de um tema que por acaso não tinham estudado. A chance de que todos esses fatores danosos ocorram novamente no exame subsequente é baixa. Infelizmente para o professor, as pontuações dos alunos podem ter subido apenas por causa da regressão à média.

A falácia da regressão pode acontecer em situações de entrevista de emprego, e é nesse ponto que o poder de exemplos específicos, de que trata este capítulo, pode ser problemático. Muitas decisões de contratação são feitas após entrevistas ou testes presenciais. Aqueles que chegam às fases finais do processo de contratação já superaram um certo limite, e nesse caso não há muita variação entre os candidatos, o que significa que fatores aleatórios podem ser suficientes para definir que será contratado. Durante uma entrevista, muitas coisas podem correr bem ou mal para os candidatos e muitas delas estão fora do seu controle. O entrevistador pode estar de mau humor por causa das notícias que ouviu no carro pela manhã a caminho do trabalho. Eu soube do caso de uma candidata que apareceu para a entrevista com sapatos diferentes, porque os dois estavam próximos um ao outro quando ela saiu correndo de casa. Imagine como ela deve ter ficado constrangida durante a entrevista. Ou pense no caso de um candidato vestindo uma camisa azul que é exatamente o tom preferido do entrevistador, ou que a peça escolhida para a audição de um músico tenha sido exatamente a canção na qual ele trabalhou o ano todo.

Além de todos esses fatores aleatórios que podem trabalhar a favor ou contra os candidatos, o problema inerente às entrevistas ou testes presenciais é que os entrevistadores observam apenas uma pequena amostra do desempenho da pessoa. Tomar decisões de contratação baseadas principalmente em entrevistas é uma violação – agora podemos usar um termo técnico! – da lei dos grandes números. Mas dado que as interações face a face são vívidas, marcantes, concretas e notáveis, os entrevistadores pensam que estão observando quem o candidato realmente é, e não um retrato tendencioso da pessoa matizado por fatores aleatórios. E essa impressão de uma pequena amostra das qualidades que estão mais aparentes naquele determinado dia pode fazer com que os tomadores das decisões ignorem os registros que refletem com mais precisão as habilidades do candidato, demonstrados ao longo de muitos anos. Uma pessoa que parece incrível e brilhante durante uma entrevista pode não ser tão incrível assim. Dada a regressão à média, é isso que se deve esperar, até certo ponto. E uma pessoa que não teve um desempenho brilhante em uma entrevista – por exemplo, a candidata que parecia nervosa devido aos sapatos que não combinavam – poderia ter sido uma excelente aquisição que foi desperdiçada pela empresa.

Quando eu estava procurando trabalho como professora assistente, tive a oportunidade de observar muitas abordagens de entrevista praticadas por diversos professores de psicologia. Em uma universidade, o presidente do comitê de pesquisa me perguntou o que significava "metafísica" (isso porque, durante a apresentação dos meus estudos, eu disse que não falaria sobre a metafísica da causalidade), e eu disse algo assim: "Como as coisas realmente são no mundo, e não o que as pessoas pensam sobre elas". O presidente disse: "ERRADO" (até hoje não sei o que há de errado nisso ou o que aconteceu com ele naquele dia). É óbvio que eu não consegui aquele emprego;

muitos anos depois, um dos membros do corpo docente que estava presente se desculpou em nome daquele professor.

Se você está enfrentando entrevistas de emprego nesse momento, é provável que queira que seus entrevistadores leiam este capítulo, para que você possa apenas apresentar seu currículo e cartas de recomendação de pessoas que o conhecem há muito tempo. Mas saiba que desejar não é sua única opção: há algo proativo que você pode fazer para evitar ser vítima da falácia da regressão cometida por outras pessoas: aumentar o tamanho da amostra. Como sempre existem fatores aleatórios no mundo, se você se candidatar ao máximo de empregos possível, é mais provável que esses fatores aleatórios se anulem, aumentando suas chances de conseguir um emprego em que suas verdadeiras habilidades e experiências sejam apreciadas.

Mas como evitar cometer a falácia da regressão? O que os entrevistadores devem fazer, por exemplo? Se possível, o método mais direto seria avaliar os candidatos apenas com base em seus currículos. Talvez isso soe absurdo, mas conheço alguém que de fato faz isso – o presidente do comitê de seleção de novos colaboradores da Universidade de Yale, que acabou me contratando e me disse não acreditar em entrevistas. Para preencher os trinta minutos do nosso dolorosamente longo tempo para a entrevista, tive de gerar perguntas sobre minha filosofia de ensino e planos de pesquisa e depois respondê-las. Consegui o emprego e escolhi-o em vez de ofertas de outros lugares que me obrigaram aos tradicionais dois dias de pressão, por isso não tenho nenhuma queixa.

Mas não fazer nenhuma entrevista que exija respostas presenciais dos candidatos pode não ser uma boa opção para decisões de contratação que exigem observar o candidato em ação. Currículos e cartas de recomendação podem parecer muito impessoais e vagos, e muitos acreditam que ver a pessoa frente a frente, mesmo que por um breve momento, ajuda a tomar a decisão correta. O problema é que fica difícil não ser excessivamente afetado pela impressão causada na entrevista. Na verdade, poucas pessoas estão prontas para se casar com alguém depois do primeiro encontro. Só precisamos nos lembrar da regressão à média e não nos deixarmos impressionar demais por um desempenho estelar ou nos incomodar demais com a escolha dos sapatos do candidato. Assim como temos vários encontros com alguém antes de nos comprometermos com um casamento, precisamos obter amostras de várias observações de candidatos que seguem a lei dos grandes números. Leva mais tempo e demanda mais esforço para observá-los em diferentes configurações, mas no final pode ser mais barato e mais fácil do que contratar a pessoa errada.

Teorema de Bayes

O terceiro princípio estatístico importante que pode nos ajudar a ser mais racionais é o teorema de Bayes. Mais uma vez, vamos começar com um exemplo.

A maioria dos adultos nos Estados Unidos que nasceram antes da década de 1990 tem memórias fotográficas dos ataques de 11 de setembro de 2001. Vídeos foram reproduzidos repetidas vezes na TV, mostrando o buraco na torre ou a poeira subindo pelas ruas. Fotos das ruínas e histórias sobre como as pessoas foram resgatadas estavam em jornais e revistas. Quase três mil pessoas perderam a vida. Os americanos ficaram arrasados.

De modo trágico, parte dessa raiva foi direcionada a muçulmanos americanos que nada tinham a ver com grupos islâmicos extremistas como a Al-Qaeda, responsável pelo ataque. Mas o fato é que as ocorrências de crimes de ódio contra os muçulmanos dispararam. Mesquitas foram incendiadas. Mulheres muçulmanas passeando com os filhos em carrinhos foram atacadas por uma mulher gritando coisas obscenas contra mulçumanos. Um homem em St. Louis apontou uma arma para uma família muçulmana, gritando: "Todos eles deveriam morrer!". Em 2015, o *The Washington* Post relatou que "crimes de ódio contra muçulmanos ainda são cinco vezes mais comuns hoje do que eram antes do 11 de setembro".

As medidas antiterrorismo que o governo dos EUA implementou imediatamente após o 11 de setembro também visavam os muçulmanos. Agentes federais revistaram bairros nos quais viviam famílias árabes, muçulmanas e originárias do sul da Ásia. Milhares de jovens que não haviam cometido nenhum crime foram presos, detidos ou "entrevistados" apenas por causa de sua etnia. Alguns foram mantidos presos durante meses em condições abusivas. Houve muitas tentativas de impedir esse tipo de caracterização étnica, incluindo um relatório de 2004 da União Americana pelas Liberdades Civis, que concluiu que essas ações são ineficientes e ineficazes.

Mas por que a ação da polícia visando impedir caracterizações étnicas específicas ao definir ações de segurança e controle é ineficaz? Alguns podem defender a islamofobia, argumentando que não é possível revistar todas as pessoas, lembrando que os ataques de 11 de setembro foram perpetrados por terroristas do Oriente Médio. Do ponto de vista probabilístico, no entanto, esse tipo de ação não se justifica sob nenhuma perspectiva. Para entender bem por que isso acontece, precisamos entender alguns conceitos básicos da teoria da probabilidade – especificamente, o teorema de Bayes.

Imagine que houvesse algo, e tudo o que soubéssemos sobre ele é que é um coala. Qual é a probabilidade de que essa coisa seja um animal, já que é um coala? Isso é fácil. É de 100%. Em seguida, considere o inverso. Há outra coisa, e tudo o que sabemos sobre ela é que é um animal. Qual é a probabilidade de que seja um coala, já que é um animal? Definitivamente não é de 100%.

Ótimo! Você já demonstrou sua compreensão do que é conhecido como probabilidade condicional. Como o nome diz, a probabilidade condicional é a probabilidade de que algo, digamos A (animal), seja verdadeiro, dado ou condicionado ao fato de que alguma outra coisa, digamos B (coala), seja verdadeiro. Agora, estabelecemos que a probabilidade de A (animal) dado B (coala) não é a mesma que a probabilidade de B (coala) dado A (animal).

O exemplo aqui é claro e a lógica se aplica a todas as probabilidades condicionais. Mas as pessoas frequentemente confundem a probabilidade de A dado B como sendo igual à probabilidade de B dado A. Um estudo famoso demonstrou essa confusão envolvendo a interpretação dos resultados das mamografias.

Suponha que haja uma mulher com câncer de mama. Vou me referir ao diagnóstico positivo de câncer de mama como A. Como sabemos, a probabilidade dessa mulher ter uma mamografia positiva, que mostre um nódulo nas mamas, é bastante alta. Vamos chamar a probabilidade de ter uma mamografia positiva de B. Ou seja, a probabilidade de B (mamografia positiva) dado A (câncer de mama) é alta. Mas por causa disso, as pessoas também pensam que se uma mulher, ignorando se tem câncer de mama ou não, recebe uma mamografia positiva (B), isso significa que ela tem grande probabilidade de ter câncer de mama (A). Ou seja, acreditam que a probabilidade de A dado B também é alta. Mas este não é o caso. Só porque a probabilidade de um resultado positivo (B) dado o câncer de mama (A) é alta, isso não significa que a probabilidade de câncer de mama (A) dado um resultado positivo (B) é igualmente alta.

Para calcular a probabilidade de A dado B, ou $P(A|B)$, a partir da probabilidade de B dado A, ou $P(B|A)$, precisamos usar o teorema de Bayes, descoberto em meados do século XVIII pelo famoso estatístico, filósofo e ministro presbiteriano Thomas Bayes. Existem muitas teorias sobre como Bayes se interessou pela teoria da probabilidade, mas a minha favorita é que ele queria minar a argumentação do filósofo David Hume contra os milagres. Para os curiosos, abordarei esse tema depois de explicar a fórmula.

O teorema de Bayes é frequentemente usado para atualizar uma teoria ou crença existente, A, quando surgem novos dados, B. Por exemplo, depois de assistir a três ótimos filmes com Tom Hanks, você pode acreditar que todos os filmes que contam com Tom Hanks no elenco são incríveis. Mas você assiste a um quarto filme que é ruim (desculpe, Sr. Hanks, isso é apenas uma hipótese; sou uma grande fã do seu trabalho). Dada essa nova evidência, você precisa atualizar sua convicção na crença de que todos os filmes de Tom Hanks são ótimos. O teorema de Bayes especifica uma maneira racional de atualizar a crença. Não é de se admirar que esse teorema seja fundamental para a ciência de dados e aprendizado automático. Trata-se de descobrir o quão confiante alguém está sobre uma certa crença depois de observar novos dados.

A fórmula em si – mais complicada do que a de Einstein $E=mc^2$ – parece bastante assustadora e é difícil de entender em um nível intuitivo. Os leitores que não se importam com a fórmula em si podem pular com segurança os próximos parágrafos e continuar com aquele que começa com "OK" (mas se você quiser descobrir a abordagem bayesiana dos milagres, terá de ficar aqui comigo durante a matemática).

O teorema de Bayes é:

$$P(B|A) = \frac{P(B|A) \times P(A)}{P(B|A) \times P(A) + P(B|\text{não A}) \times P(\text{não A})}$$

em que $P(A)$ e $P(B)$ significam as taxas básicas de A e B, como com que frequência o câncer de mama ocorre e com que frequência vemos mamografias positivas. E não A significa ausência de A, como não ter câncer de mama. Assim, $P(B/\text{não A})$ significa, por exemplo, a probabilidade de alguém apresentar uma mamografia positiva mesmo quando não tem câncer de mama (como pode acontecer com pessoas que têm mamas densas). Aplicando o exemplo da mamografia positiva a esse teorema, mesmo que a probabilidade de mulheres com câncer de mama apresentarem mamografias positivas, $P(B|A)$, seja muito alta, digamos 80%, e a probabilidade de mulheres sem câncer de mama apresentarem mamografias positivas, $P(B|não-A)$, seja mais baixo, digamos 9,6%, a probabilidade de mulheres com teste positivo na mamografia terem câncer de mama, $P(A|B)$, é de apenas 0,078 ou 7,8%. Essa probabilidade é surpreendentemente baixa e ocorre porque a taxa básica de câncer de mama na população, $P(A)$, é de 1%. Aqui está a equação com todos os números inseridos.

$$\frac{0,8 \times 0,01}{0,8 \times 0,01 + 0,096 \times (1 - 0,01)} = 0,078$$

Esse valor é tão baixo que aquelas que testam positivo em uma mamografia precisam fazer outros exames, e também é por isso que há controvérsia entre os médicos sobre a pertinência da recomendação para a realização anual de mamografia.

Em um estudo realizado no início dos anos 1980, os participantes (incluindo médicos) receberam esses números e foram solicitados a estimar a probabilidade de uma mulher com mamografia positiva ter câncer de mama. As estimativas dos médicos foram mais acuradas? Não. A maioria das pessoas, incluindo 95 em cada 100 médicos, disse que a probabilidade é de cerca de 75 a 80%. Para que essa probabilidade seja tão alta, a taxa básica de câncer de mama, $P(A)$, deveria ser ridiculamente alta, digamos 30%. Ou seja, apenas se o câncer de mama atingir um terço das mulheres de meia-idade, em vez de 1%, podemos dizer que uma mamografia positiva significa 80% de chance de ter câncer de mama. Como o câncer de mama é muito mais raro do que isso, a chance de uma mamografia positiva detectar um câncer de mama real é inferior a 10%.

Este último ponto nos leva de volta a Hume *versus* Bayes. Hume questionou a validade da ressurreição de Jesus, visto que, fora da Bíblia, nenhum morto jamais ressuscitou em toda a história da humanidade e que apenas algumas testemunhas relataram ter visto Jesus após sua crucificação. Bayes não publicou nada para refutar o argumento de Hume, mas, de acordo com filósofos e matemáticos modernos, aqui está como ele poderia ter feito isso usando sua própria equação. Se alguém acredita que a probabilidade da ressurreição de Jesus, $P(A)$, é alta, então a probabilidade de que Jesus tenha realmente ressuscitado, dado que houve testemunhas, $P(A|B)$, pode ser alta, assumindo que essas testemunhas são tão confiáveis quanto a mamografia do câncer de mama. Em outras palavras, afirmar que o milagre de Jesus realmente ocorreu não viola os princípios racionais da teoria da probabilidade. Claro, se uma pessoa muito racional não acredita que Jesus era o Messias, e de tal maneira que o $P(A)$ é muito baixo, o argumento de Hume é racionalmente correto.

OK, esse foi um longo desvio para provar por que a islamofobia é irracional e discriminatória. Estávamos falando sobre o fato de que os ataques de 11 de setembro foram tão vívidos e marcantes que ficaram gravados em nossa mente. Como resultado, as pessoas podem acreditar que, se há terrorismo, ele é perpetrado por muçulmanos. Isso em si é uma falácia por causa da lei dos grandes números, o tamanho da amostra é muito pequeno para concluir que todas ou mesmo que a maioria das atividades terroristas são realizadas por muçulmanos. Mas o que torna esse caso ainda mais grave é que as pessoas também confundem as probabilidades condicionais. Ou seja, com base na crença de que "qualquer terrorismo vem dos muçulmanos", eles invertem e acreditam que "se uma pessoa é muçulmana, essa pessoa é terrorista". Isso é tão absurdo quanto dizer que "se algo é um coala, é um animal" faz sentido, também seria possível afirmar que "se algo é um animal, é um coala".

Um orador determinado pode dizer que, embora as duas coisas não sejam iguais, a probabilidade de um animal ser um coala é muito maior do que a probabilidade de algo não animal ser um coala. Assim, segue o raciocínio: a probabilidade de que qualquer muçulmano aleatório seja um terrorista deve ser maior do que a probabilidade de que qualquer não muçulmano aleatório seja um terrorista e, portanto, as políticas de repressão com base no perfil étnico são estatisticamente justificáveis. Certo? Não.

Em 2021, a população adulta dos Estados Unidos era composta por cerca de duzentos milhões de pessoas, 1,1% das quais, ou 2,2 milhões, eram muçulmanos. Para essa análise, uso um relatório de 2017 do Escritório de Responsabilidade do Governo dos EUA (GAO – Government Accountability Office; órgão equivalente ao Tribunal de Contas da União brasileiro), que relata o número de incidentes terroristas fatais ocorridos imediatamente após o 11 de setembro até o final de 2016, o registro mais recente que consegui encontrar. De acordo com esse relatório, extremistas violentos realizaram 85 ações nos Estados Unidos que resultaram em mortes entre 12 de setembro de 2001 e 31 de dezembro de 2016. Vinte e três desses incidentes, ou 27% do total, foram atribuídos a radicais islâmicos. Destes, seis foram cometidos pela mesma pessoa, o atirador de Washington, D.C., Beltway em 2002, e três pelos irmãos que cometeram o atentado à Maratona de Boston. Portanto, o número total de terroristas únicos que foram motivados por visões islâmicas radicais e causaram mortes nos Estados Unidos durante esse período é inferior a 23; no relatório, contei dezesseis.

Talvez esse número pareça extremamente baixo para alguns leitores, que também se lembram distintamente do tiroteio na boate de Orlando e do tiroteio na festa do escritório em San Bernardino,

Califórnia. Todos eles estão computados (se você ainda acredita que deve haver mais, esse é outro efeito de exemplos vívidos, conhecido como heurística da disponibilidade, conforme nomeado pelos psicólogos Daniel Kahneman e Amos Tversky: julgamos a frequência dos eventos com base em quão disponíveis eles estão em nossa mente).

Agora estamos prontos para calcular a probabilidade de um adulto muçulmano aleatório caminhando pelas ruas dos Estados Unidos ser um terrorista. Para isso, usaremos o número de terroristas muçulmanos, dezesseis, dividido pelo número total de muçulmanos vivendo nos Estados Unidos, 2,2 milhões, e chegamos a 0,0000073, ou 0,00073%. Ou seja, mesmo que agentes do FBI detenham dez mil muçulmanos adultos, a chance de um deles ser terrorista é quase zero (caso algum leitor permaneça cético quanto à minha estimativa de dezesseis terroristas muçulmanos responsáveis por esses 23 ataques fatais, não deve ser difícil perceber que, mesmo que esse número aumente para 160, a probabilidade continuaria sendo essencialmente zero).

As pessoas que tentam justificar a perseguição a pessoas com base no perfil étnico e a discriminação contra os muçulmanos não entendem como funcionam as probabilidades condicionais. A probabilidade de um terrorista em solo americano durante os quinze anos de amostragem ser muçulmano é de 27%. Ou seja, se eles tivessem checado 100 terroristas conhecidos, 27 deles poderiam ser muçulmanos. Isso é substancialmente alto, mas não é a probabilidade a ser usada quando tomamos decisões sobre a detenção de pessoas. É a probabilidade inversa que deve ser usada, e essa probabilidade é bem próxima de zero.

A imagem das Torres Gêmeas em chamas e o rosto de Osama bin Laden açoitam nossa mente. Se permitimos que esse sentimento se misture com nossa confusão sobre como funcionam as probabilidades condicionais, seremos vítimas de um preconceito totalmente ultrajante, que prejudica pessoas inocentes.

FAZER O MELHOR USO DE
EXEMPLOS ESPECÍFICOS

É difícil pensar de modo estatístico, e há boas razões para isso. Raramente trabalhamos com uma grande amostragem ou interagimos com toda a população de uma determinada amostra. É difícil imaginar todos os fatores aleatórios relacionados ao desempenho excelente ou crítico, que nos traz de volta na direção da média. A noção de probabilidades nem mesmo havia sido introduzida na cultura humana até o ano de 1560. Mesmo que seja possível aprender os três conceitos estatísticos que abordei neste capítulo, não é fácil mantê-los presentes em mente no dia a dia. Ensino esses conceitos há décadas, mas com frequência me pego influenciada por exemplos práticos. Considerando que casos específicos têm tanta força, vamos terminar esse capítulo apresentando algumas ideias sobre como fazer o melhor uso deles.

Pode-se pensar que, uma vez que aprendemos algo por meio de um exemplo influente, devemos ser capazes de aplicá-lo em novas situações. Afinal, o objetivo de aprender é transferir nosso conhecimento para os novos problemas que enfrentaremos no futuro. Mas curiosamente, há uma ressalva importante quando aprendemos por meio de exemplos. Para ilustrar isso, tente resolver o seguinte problema:

> Suponha que você seja um médico e que seu paciente tenha um tumor maligno no estômago. É impossível operá-lo, mas, a menos que o tumor seja totalmente removido, o paciente morrerá. Um tratamento com certo tipo de raios X oferece uma esperança. Se os raios X forem direcionados ao tumor de tal maneira que o atinjam todos de uma só vez e com intensidade suficientemente alta, o tumor será destruído. Infelizmente, o tecido saudável que esses raios de alta intensidade atravessarão para chegar ao tumor

também será destruído. Em intensidades mais baixas, os raios não prejudicam o tecido saudável, mas também não afetam o tumor. Qual procedimento você adotaria para garantir que o tumor seja destruído, preservando ao mesmo tempo a maior quantidade possível de tecido saudável?

Se você não está conseguindo resolvê-lo, não se preocupe. Trata-se de um problema complexo e não é um teste de inteligência. Então aqui está uma dica. Pense no exemplo que já apresentei no início desse capítulo, a história sobre o general e a fortaleza do ditador. Agora a solução parece mais simples. A melhor opção é direcionar radiação a partir de múltiplas direções para convergir no tumor.

Em um estudo que utilizou esses dois problemas, estudantes universitários da Universidade de Michigan – ou seja, estudantes muito inteligentes – foram apresentados a três histórias, uma delas o conto da fortaleza. Para assegurar que eles a leriam atentamente, foi solicitado que fizessem um resumo do que foi narrado. Apenas quatro minutos depois, foi apresentado aos universitários o problema do tumor relatado acima e apenas 20% dos participantes conseguiram resolvê-lo. Oito de cada dez desses brilhantes estudantes não conseguiram lembrar do exemplo que haviam lido e resumido alguns minutos antes e aplicá-lo em outro contexto. Acredito que você tenha levado mais de quatro minutos para ler este capítulo, portanto não fique consternado caso não tenha feito a conexão.

Mas se o participante recebesse uma indicação explícita para aplicar uma das histórias apresentadas anteriormente na solução do problema, quase todos teriam chegado à solução. Isso significa que a dificuldade não está em aplicar uma solução conhecida a um novo problema, mas em recuperá-la espontaneamente na memória. Isso é uma má notícia, pois significa que quando um professor explica um novo método para seus alunos, após quatro minutos eles não serão capazes de aplicá-lo a uma nova situação sem que alguém os lembre explicitamente para fazê-lo.

Mas este capítulo não era sobre o quão poderosos são os exemplos? Então como é possível que os alunos não se recordem deles? Não há nada contraditório nisso. Os exemplos são tão poderosos que as pessoas têm mais chances de se lembrar de detalhes irrelevantes, como o fato de haver um general e uma fortaleza, do que do princípio abstrato de convergência implícito na história.

Depois de identificar esse desafio, os pesquisadores experimentaram vários métodos para ajudar os alunos a recuperarem espontaneamente os princípios implícitos nos exemplos que aprenderam. O método que funcionou melhor foi demonstrar o mesmo princípio em diversas histórias. Por exemplo, você acabou de aprender sobre a solução de convergência no contexto de um general conquistando uma fortaleza, e também no contexto de um médico tratando um tumor. Se fosse confrontado com um terceiro problema que requeresse a solução de convergência, você estaria muito mais propenso a transferir esse princípio para ele.

Em outras palavras, se você estiver contando uma história para promover alguma ideia ou princípio, as chances da sua opinião ser lembrada serão maiores se você usar várias histórias que a ilustrem e contar todas elas. Falamos sobre Jesus antes, que foi um mestre na arte de contar histórias e parece que conhecia essa técnica. Para explicar que Deus acolhe almas perdidas, Jesus contou a parábola do pastor que se alegra ao encontrar uma ovelha perdida, mesmo tendo outras 99 ovelhas que não se perderam. Em seguida, contou outra parábola sobre uma mulher que procura incansavelmente por uma moeda de prata perdida e comemora quando a encontra, mesmo tendo nove outras moedas.

Talvez você tenha percebido que eu não uso apenas um exemplo, mas pelo menos dois exemplos para cobrir o mesmo conceito.

Assim, você fica mais propenso a se lembrar espontaneamente da lei dos grandes números da próxima vez que vir uma turma de crianças jogando futebol ou receber um e-mail de uma instituição de caridade pedindo contribuição. Ver a capa de uma revista de esportes na banca de jornal ou ter um primeiro encontro com alguém que pareça bom demais para ser verdadeiro, são situações que talvez façam você se lembrar da regressão à média. Espero que se lembre da questão relacionada a P (A|B) não ser a mesma coisa que P (B|A) quando ouvir uma história sobre terrorismo não islâmico ou encontrar um animal que não seja um coala.

5

VIÉS NEGATIVO

Como nosso Medo da Perda Pode nos Induzir ao Erro

Certo dia, perdi muito tempo procurando por uma nova capa para o meu telefone. Eu estava usando na época uma proteção de celular com uma imagem do Snoopy, fofa demais para uma professora de pós-graduação. Procurei, procurei e procurei em uma miríade de lojas na internet. Lembra-se da escala maximizadora/satisfatória que abordei no Capítulo 2, aquela que mede as diferenças em nossas tendências de maximizar buscas? Recebi a pontuação mais alta possível no teste. Quando vou comprar algo, eu não consigo parar de procurar até encontrar o item perfeito. Finalmente, encontrei uma capa que parecia bastante promissora. Eu gostei dela na fotografia e as avaliações dos clientes eram boas, com média de quatro estrelas.

Comecei a ler as avaliações. As primeiras quatro deram cinco estrelas: "Amei! Ótimo material e muito bonita". "Meu namorado adorou! Robusta e fácil de segurar". "Excelente qualidade... perfeita em todos os aspectos... linda!!". "Elegante, comprei há quatro semanas e até agora tudo OK com ela!".

Então, vi uma avaliação com uma estrela. "Capa muito bonita, mas é frágil e desconfortável de segurar com uma mão. A capa quebrou depois de uma semana". As quatro avaliações positivas de cinco estrelas que lera antes não puderam desfazer o dano causado por essa única crítica negativa. O que me incomodou mais foi que o comprador relatou que ela quebrou em uma semana, embora as críticas positivas dissessem especificamente que a capa era resistente e ainda estava boa após quatro semanas de uso. Acabei ficando presa ao Snoopy por mais um ano.

EXEMPLOS DE VIÉS DE NEGATIVIDADE

Você não precisa ser uma pessoa muito maximizadora como eu para ser afetado por informações negativas. Em um estudo, pesquisadores testaram o impacto de avaliações positivas e negativas nas vendas de produtos eletrônicos, como câmeras, televisões e videogames. Eles selecionaram mais de trezentos produtos no catálogo da Amazon. com entre agosto de 2007 e abril de 2008, coletaram suas classificações de vendas e as porcentagens de avaliações positivas (aquelas com quatro ou cinco estrelas) e negativas (aquelas com uma ou duas estrelas) que receberam e examinaram a relação entre elas. Como era de se esperar, a porcentagem de avaliações negativas estava diretamente relacionada a uma baixa posição no *ranking* de vendas, enquanto a porcentagem de avaliações positivas estava relacionada a uma alta posição no *ranking* de vendas. O mais importante foi a comparação feita pelos pesquisadores na magnitude das influências. A porcentagem de avaliações negativas teve muito mais influência sobre a posição do produto no *ranking* de vendas do que a porcentagem de avaliações positivas.

Diversos estudos de psicologia mostram que as pessoas dão mais importância à informação negativa do que à positiva, não apenas quando julgam produtos, mas também pessoas. Suponha que conheceu um homem chamado John, que você encontrou apenas duas vezes. Na primeira vez, ele estava almoçando com alguns amigos em um restaurante. Ele não estava particularmente amigável ou animado, mas parecia ser uma pessoa bastante sociável. Na segunda vez, você estava perto de uma mesa montada ao ar livre debaixo de um cartaz com os dizeres "Salve nosso comércio local". John passou direto e ignorou completamente uma mulher que pedia para que ele assinasse a petição. Você poderia pensar que os dois comportamentos de John que testemunhou, um deles um pouco positivo e o outro um pouco negativo, se cancelariam mutuamente, deixando você com uma impressão mais ou menos neutra sobre ele. Mas não. Como as pessoas dão mais peso ao comportamento negativo, sua impressão geral sobre John provavelmente será mais negativa do que neutra.

Eventos negativos também afetam mais nossa vida do que eventos positivos. Apenas um único trauma na infância, como abuso sexual, pode ter consequências prejudiciais que vão durar por toda a vida, como depressão, problemas de relacionamento e disfunção sexual. Tais episódios não são facilmente compensados por outros aspectos positivos da infância, mesmo que haja muito mais eventos positivos e felizes do que desagradáveis.

O viés negativo pode ter um efeito tão severo que pode nos levar a tomar decisões claramente irracionais. Por exemplo, tendemos a evitar uma opção apresentada em termos de atributos negativos, enquanto aceitaríamos com prazer exatamente a mesma opção se for apresentada com destaque para seus atributos positivos. Assim, as pessoas preferem voos que são pontuais em 88% dos casos a voos que atrasam em 12% dos casos. Acreditam que um preservativo com 95% de eficácia é melhor do que um preservativo com uma taxa de falha de 5%. Acham melhor receber um aumento de 5% quando a inflação é de 12% a uma corte de 7% quando a inflação é zero.

Um dos meus estudos favoritos nessa linha envolve carne moída. Um hambúrguer com 25% de gordura soa como algo ruim, significa explicitamente que um quarto daquilo é pura gordura. Por outro lado, 75% de carne magra, que significa exatamente a mesma coisa, soa muito mais saudável e melhor. Poderíamos pensar que não cairíamos nessa se alguém usasse esses dados como um artifício de marketing, mas não é assim que as coisas funcionam na prática. Em um estudo, pesquisadores prepararam um hambúrguer e pediram aos participantes para experimentá-lo. Os pesquisadores não relatam se a carne estava bem ou mal passada, ou se adicionaram sal e pimenta, mas deixaram claro que a mesma carne moída foi preparada exatamente da mesma maneira para todos. A única diferença estava no rótulo que a acompanhava: metade dos participantes foram informados de que o hambúrguer era feito com carne "75% magra", e a outra metade foi informada de que ele tinha "25% de gordura". Isso fez toda a diferença. As pessoas que experimentaram os hambúrgueres de carne "75% magra" os classificaram como menos gordurosos, mais magros e melhores em qualidade e sabor do que as que comeram os hambúrgueres feitos com carne moída com "25% de gordura".

O Que é Melhor: Tirar Notas A e C ou Tirar Apenas Notas B?

Eu me interessei pelo viés de negatividade no contexto dos processos seletivos para o ensino superior e acabei conduzindo um estudo sobre o assunto. Comecei minhas pesquisas quando meu filho mais velho começou a pensar em entrar em uma universidade. Comprei e li três livros sobre processos seletivos em universidades, pois não conhecia o lado dos candidatos no processo por ter cursado o ensino superior na Coreia. Os livros detalhavam os aspectos técnicos das admissões e destacavam a importância de estudantes mostrarem paixão e entusiasmo em uma área específica. Um deles chamava isso de "isca".

Pude notar isso enquanto estive do outro lado do processo. Em Yale, as reuniões do comitê de admissão são conduzidas por profissionais altamente competentes desse departamento, mas eles convidam um ou dois professores para participar do processo. Ao longo dos anos, eu havia colaborado em algumas dessas reuniões depois de participar de uma sessão de treinamento. Foi lá que vi a declaração formal da política de admissões de Yale, criada por Kingman Brewster, um ex-presidente de Yale. Escrita em 1967, a política continua vigente, com os seguintes dizeres: "Queremos que o maior número possível [de nossos graduados] se torne verdadeiramente excepcional em qualquer coisa que empreendam. Pode ser na arte e na ciência de gerir negócios ou na vida pública do país, ou pode ser no esforço para melhorar a qualidade de vida da nação pela prática de uma das profissões... O candidato provavelmente será um líder em qualquer coisa que decida fazer". Em outras palavras, os candidatos bem-sucedidos não precisam ser perfeitos em tudo – e podem fazer o que quiserem – mas devem ser excepcionais em algum campo. Exatamente como os guias de admissão universitária sugerem, essa filosofia não se limita a Yale. Um artigo no *Washington Post* resume bem: "As universidades querem um jovem que seja dedicado e se destaque em alguma coisa. A palavra que mais usam é paixão". Um artigo da revista *U.S. News & World Report* também listou a paixão como a principal maneira de aumentar as chances para ser aceito em uma universidade.

Mas ocorreu-me que essa ênfase na paixão parece contradizer o robusto fenômeno da psicologia que acabei de apresentar: que as pessoas são mais influenciadas por informações negativas do que positivas. Para ilustrar a discrepância com um exemplo simplificado, digamos que haja dois alunos do último ano na mesma escola do ensino médio, Carl e Bob. Carl tem tirado notas A e A+ em certas disciplinas, mas também C e C- em outras. Esse padrão sugere que Carl é mais apaixonado e entusiasmado por algumas matérias do que por outras. Bob tira notas mais uniformes, recebendo Bs, B+ ou B- em todas as disciplinas. Ou seja, ele não teve Cs, mas também não teve As. Suponha que as médias dos dois estudantes sejam iguais. Se você fosse responsável por decidir quem vai ser aluno de uma universidade e esses dados fossem toda a informação disponível, qual aluno você selecionaria?

Se paixão é a premissa essencial, o oficial de admissão deveria favorecer Carl. Mas as pessoas tendem a dar mais peso às informações negativas do que às positivas. Se esse viés de negatividade dominar a decisão, então, digamos, o A que Carl recebeu em química, pode não equilibrar o dano causado pelo C que ele recebeu em inglês, e o responsável pela decisão daria preferência a Bob. Para descobrir o poder do viés de negatividade em uma situação em que havia critérios estabelecidos em vigor que deveriam contrabalancear esse fator, decidi conduzir um experimento.

Primeiro, criamos históricos escolares de estudantes como Carl e Bob. Para evitar qualquer viés que o curso escolhido pudesse trazer para o experimento, criamos vários cursos, de modo que os As e Cs fossem associados a disciplinas diferentes. Em seguida, recrutamos participantes que tiveram a tarefa de escolher qual aluno deveriam admitir. Alguns foram recrutados a partir de uma plataforma da internet e alguns eram estudantes universitários que, é claro, haviam passado recentemente pelo processo de admissão. Por fim, recrutamos pessoas responsáveis pela admissão em várias universidades e faculdades dos Estados Unidos. Quando pedimos para que escolhessem entre um aluno com notas variadas e um aluno com notas homogêneas, a maioria dos participantes escolheu o segundo candidato, o que não teve Cs, mas também não teve As. Em suma, quase 80% dos profissionais que atuavam na área de admissão preferiram o aluno com notas mais uniformes.

Os participantes também consideraram que o aluno com notas uniformes teria mais chances de alcançar uma nota média mais alta, que seria mais esforçado, mais responsável e disciplinado do que o aluno com notas A e C. Além de tudo isso, eles previram que o aluno com notas uniformes teria mais chances de se tornar proprietário de uma empresa de médio a grande porte, ser um alto executivo, tornar--se um funcionário público, advogado, médico ou engenheiro. Também disseram que o aluno com notas homogêneas teria uma renda anual mais alta do que o aluno com notas heterogêneas, apesar da média ponderada dos candidatos ser igual e da premissa da paixão.

Tentamos outras variações dos históricos escolares para garantir que o efeito fosse replicável. A importância da presença dos conceitos de paixão e entusiasmo é particularmente enfatizada como critério para admissão por universidades altamente competitivas, que esperam médias muito mais altas do que as que usamos no primeiro estudo. Então, fizemos o experimento novamente, dessa vez recrutando apenas profissionais responsáveis pela seleção de candidatos das universidades mais competitivas – centros de excelência que todos os leitores certamente reconheceriam como tal. Além disso, ambos os hipotéticos alunos tinham notas extremamente altas, com média geral de 4,0 a 4,3. Dessa vez, o aluno com notas homogêneas teve todas as notas A, exceto uma A+ e uma A-. Ou seja, não houve muitas notas A+, mas a nota mais baixa que esse aluno tirou foi um A-. O aluno com notas mais heterogêneas teve muito mais notas A+, *oito* no total. Mas infelizmente esse aluno também recebeu três notas B+. Mas as médias dos dois alunos eram idênticas. Ainda assim, o viés de negatividade prevaleceu. Os responsáveis pela seleção preferiram o aluno que não tinha nenhuma nota B+ ao aluno que tinha três B+, mesmo que este último tivesse oito notas A+.

Antes de prosseguir, devo colocar um grande aviso aqui. Estudantes devem se concentrar mais em suas matérias favoritas e se dedicar às suas paixões. E os alunos com notas irregulares não devem se sentir desencorajados – muitos desses candidatos serão admitidos na universidade de sua preferência. Lembre-se de que as faculdades analisam muito mais informações do que apenas notas, também levam muito em consideração as cartas de recomendação, atividades extracurriculares e a redação de admissão.

Aversão à Perda

Considerando que o viés de negatividade afeta tantos diferentes tipos de julgamentos, não é nenhuma surpresa que também nos afete quando tomamos decisões envolvendo dinheiro. No entanto, as maneiras pelas quais o viés opera podem ser obscuras.

Durante a década de 1970, um campo de estudos chamado economia comportamental começou a receber mais atenção. A economia comportamental pode ser considerada como a intersecção da psicologia e da economia, e sua principal área de atuação está em compreender como os julgamentos e escolhas humanas operam em oposição aos princípios racionais desenvolvidos na economia.

A economia comportamental revelou numerosos vieses cognitivos e armadilhas de pensamento, desafiando a premissa fundamental da economia de que o comportamento das pessoas é baseado em escolhas lógicas (talvez os leitores tenham visto artigos e postagens na internet com títulos como "61 Cognitive Biases That Screw Up Everything We Do" or "Cognitive Bias Cheat Sheet: Because Thinking Is Hard" ["61 vieses cognitivos que estragam tudo o que fazemos" ou "Ficha de dicas de viés cognitivo: porque pensar é difícil")].

Em 1979, Daniel Kahneman e Amos Tversky publicaram um dos artigos mais importantes para os estudos da economia comportamental, intitulado "Prospect Theory: An Analysis of Decision Under Risk ["Teoria da Perspectiva: uma análise da decisão sob incerteza"]. Para quantificar o impacto de um artigo, um índice utilizado com frequência na academia é o número de vezes em que o artigo foi citado em outros artigos publicados. De acordo com um índice de citações, que vai até o ano de 2021, tal artigo foi citado mais de setenta mil vezes. Para entender o quão astronomicamente alto é esse número, basta compará-lo ao artigo de Stephen Hawking sobre buracos negros, de 1973, que recebeu cerca de um quinto dessa quantidade de citações.

Uma das ideias revolucionárias que Tversky e Kahneman apresentaram no texto é a percepção de que tratamos os mesmos valores monetários de maneira diferente, dependendo se são ganhos ou perdas, o que leva ao que é conhecido como aversão à perda. Talvez muitos leitores já tenham ouvido essa expressão, mas tenho visto numerosos equívocos a respeito de seu sentido em reportagens publicadas na imprensa, que geralmente interpretam o conceito como se afirmasse que as pessoas preferem ganhos a perdas. Kahneman não recebeu um prêmio Nobel por uma observação tão óbvia! Outro mal-entendido é confundir aversão à perda com aversão ao risco, que significa que as pessoas não gostam de correr riscos – verdadeiro, mas diferente, como explicado no Capítulo 8 deste livro. Portanto, vamos assegurar que compreendemos adequadamente o sentido da ideia de aversão à perda.

Economistas tradicionais diriam que o valor de US$ 100 permanece o mesmo, quer você ganhe US$ 100 ou perca US$ 100. Isso parece ser uma ideia perfeitamente racional, já que trata-se exatamente da mesma quantia. Então, se você encontra uma nota de US$ 100 dentro de uma secadora enquanto lava suas roupas, e isso o deixa feliz em, digamos, 37 unidades em uma escala hipotética de humor positivo-negativo, perder uma nota de US$ 100 que caiu do seu bolso deveria fazê-lo ficar 37 unidades menos feliz. Mas Kahneman e Tversky afirmaram que US$ 100 provoca em nós uma sensação diferente quando os ganhamos em comparação com quando os perdemos. Veja abaixo uma demonstração que ilustra essa ideia.

Suponha que eu desafie você para um jogo simples. Eu lanço uma moeda no ar e, se der cara, eu te dou US$ 100, mas se der coroa, você me dá US$ 100. Você jogaria? Quase todo mundo responde que não.

Agora vamos tornar esse jogo um pouco mais interessante. Se der coroa, você me dá US$ 100, mas dessa vez, se der cara, eu te dou US$ 130. Para ficar um pouco mais sofisticado, podemos calcular o que é conhecido como o valor esperado para este jogo. A chance de você perder US$ 100 é de 50% e a de ganhar US$ 130 também é de 50%, então o valor esperado é $0,5 \times (-US\$ 100) + 0,5 \times US\$ 130$, que é US$ 15. Ou seja, se jogar esse jogo várias vezes, levando em conta que às vezes você vai ganhar e em outras vai perder, o pagamento médio que você pode esperar no final é de $15. Isso é maior do que zero, então uma pessoa racional que pense como matemático, estatístico ou economista deveria escolher jogar (supondo que queira ganhar dinheiro). Mas novamente, apenas algumas pessoas estão dispostas a jogar com essas regras. Eu certamente não jogaria. Eu definitivamente gostaria de ganhar US$ 130, mas se eu tiver que abrir mão de US$ 100 apenas por causa do comportamento aleatório da moeda, isso seria trágico demais, muito mais trágico do que levar uma multa de estacionamento porque o parquímetro expirou cinco minutos atrás. Então eu deixaria passar essa oportunidade, como a maioria das pessoas faz, mesmo que valha US$ 15.

Não jogaríamos até que a relação de vitória/derrota seja pelo menos de 2,5 para 1 (ou seja, você ganha US$ 250 para cara e perde US$ 100 para coroa); a partir daí a maioria das pessoas aceita jogar.

Isso é aversão à perda. A perda parece muito maior do que os ganhos. As pessoas pesam mais o impacto da negatividade do que o impacto da positividade.

Para traduzir isso em decisões de investimento para a vida real, suponha que Alex tenha a oportunidade de investir US$ 10 mil e que haja apenas dois resultados possíveis, 50% de chance do valor render e chegar a US$ 30 mil em um ano, e ela acabar ganhando US$ 20 mil, mas há 50% de chance de que Alex nunca mais veja esses US$ 10 mil! Isso soa catastrófico. Como resultado, Alex rejeita essa oportunidade quando o valor esperado é significativamente positivo; ou seja, $0,5 \times$ US$ 20 mil $+ 0,5 \times$ (-US$ 10 mil) = US$ 5 mil de ganho. Quando calculamos esses valores esperados pode parecer fácil evitar os efeitos negativos da aversão à perda. Mas veremos a seguir que a aversão à perda pode se manifestar de maneiras menos tangíveis.

Suponha que você decida finalmente se livrar do seu carro velho e comprar um novo. Você passa um mês pesquisando, escolhe uma marca e modelo e vai até uma concessionária. Você e seu marido concordaram que a cor deve ser prata celeste e os assentos devem ser de couro cinza. Você acha que está tudo resolvido. Mas então o vendedor começa a lhe perguntar sobre os opcionais, como espelhos retrovisores elétricos, alertas de ponto cego, assistente de direção e assim por diante. Ele diz que o modelo base custa US$ 25 mil, mas você pode adicionar o pacote de opcionais X por US$ 1.500 ou o pacote Y por US$ 500. Toda vez que ele apresenta um novo pacote de opcionais, explica como aquilo tornaria sua vida muito melhor e mais segura – ou seja, o que você ganharia com ele.

Em uma outra concessionária, um vendedor mais astuto usa uma estratégia oposta. Ele começa com um modelo totalmente equipado, que custa US$ 30 mil. Então, ele diz que se você desistir do pacote de opcionais X, que pode salvar sua vida, o preço cairia para US$ 28.500 e, se você também não quiser o opcional Y, que pode facilitar muito seu estacionamento na hora de fazer a baliza, sairia por US$ 28 mil. Esse vendedor enquadra suas escolhas em termos do que você perderia. E isso aciona seu botão de aversão à perda.

Essa abordagem de fato funciona? Em um estudo realizado na década de 1990, os participantes foram instruídos a imaginar uma das duas situações que acabei de descrever. Aqueles que começaram com um modelo básico de US$ 12 mil (os preços eram muito mais baixos naquela época) para depois acrescentar opcionais (enquadrando a escolha em termos do que pode ser ganho, ou seja, dentro da perspectiva de ganho), gastaram em média US$ 13.651,43. Em contraste, os participantes que começaram com um modelo totalmente equipado de US$ 15 mil e foram questionados sobre quais opcionais estavam dispostos excluir acabaram gastando em média US$ 14.470,63, cerca de US$ 800 a mais do que aqueles que receberam a oferta em uma perspectiva de ganho. Se convertermos isso para o preço atual do carro, digamos, US$ 25 mil, seria como gastar US$ 1.700 a mais apenas porque o preço foi apresentado em uma perspectiva de perda.

A maioria dos estudos que citei foram realizados em laboratórios, e as decisões ou julgamentos foram sobre situações imaginárias. Assim, economistas céticos que defendem o modelo racional de comportamento humano poderiam descartá-los como não replicáveis na vida cotidiana, caso em que os riscos são reais. Curiosamente, alguns dos pesquisadores que abordaram esse ponto realizaram o que chamaram de "experimentos de campo" nos cenários da vida real de escolas estaduais do ensino fundamental numa cidade a 48 km ao sul de Chicago. As pesquisas não apenas envolveram cenários hipotéticos com dinheiro hipotético, mas dinheiro real, ou seja, os salários dos professores.

Talvez você tenha ouvido falar do programa de incentivo para professores, que paga aos professores um bônus por mérito caso seus alunos se saiam bem em exames padronizados. Geralmente os professores recebem esse bônus no final do ano, depois que os alunos fazem as provas. No estudo realizado em Chicago Heights, alguns professores foram selecionados aleatoriamente para estar na condição de "ganho", na qual esse método tradicional foi adotado, de receber o bônus no final do ano dependendo da melhoria de seus alunos. Os pesquisadores estabeleceram previamente um valor extra de US$ 4 mil.

Outro grupo de professores selecionados aleatoriamente recebeu US$ 4 mil no início do ano. Esse grupo estava na condição de "perda", porque, caso o desempenho de seus alunos no final do ano fosse abaixo da média, eles teriam que devolver a diferença entre US$ 4 mil e o bônus a que de fato teriam direito.

Os pesquisadores garantiram aos professores envolvidos que eles receberiam o mesmo valor líquido para um determinado nível de desempenho dos alunos, independentemente de estarem na condição de ganho ou perda. O que os pesquisadores estavam querendo medir era se a diferença no momento do recebimento do bônus afetaria a motivação dos professores e se isso causaria uma diferença no desempenho dos alunos. Ou seja, se a média das notas dos alunos melhoraria em relação ao ano anterior com um professor que estivesse tentando ganhar o bônus ou com um professor que tentava não perder o bônus – e se haveria diferença em ambos os casos, ou em nenhum deles.

Quanto à eficácia, o programa de incentivo não apresentou nenhum resultado positivo. Essa não foi a primeira vez que esse tipo de programa foi malsucedido; o mesmo resultado foi observado em um estudo realizado na cidade de Nova York. Um bônus de fim de ano, no mínimo do mesmo valor utilizado nesse estudo, não foi suficiente para motivar os professores.

Por outro lado, as notas dos alunos cujos professores estavam na condição de perda melhoraram em até 10%. Fica claro que não querer perder o dinheiro do bônus foi um bom motivador para os professores. Mas é claro que a única diferença entre os dois grupos foi o momento do pagamento!

Embora os resultados sejam expressivos, precisamos esperar para ver se esse estudo trará alguma mudança nas políticas públicas educacionais, ou se sequer deva ser implementado – é possível que os professores na condição de perda tenham sido motivados a simplesmente "ensinar para comprovar as hipóteses do teste" ou tentar manipular o sistema. Mas em uma escala menor, podemos pensar em maneiras de usar a mesma técnica para motivar outras pessoas ou até a nós mesmos.

Certa vez, no verão, ofereci dinheiro ao meu filho para pintar nosso *deck*. Era uma quantia razoável para um estudante do ensino médio recém-formado, e ele concordou prontamente em fazê-lo. O verão terminou e a única tarefa que ele havia cumprido havia sido comprar pincéis, rolos, bandejas e uma pistola de pressão para pintura. Enquanto pintava o *deck* sozinha, em um dia quente no final do verão, depois de ficar claro para mim que ele não iria fazê-lo antes de ir para a faculdade, fiquei me perguntando por que não havia pago antecipadamente pelo serviço com a condição de que ele me devolvesse o dinheiro se não fizesse o combinado.

Talvez eu não tenha agido dessa maneira porque parece rude e até mesmo cruel tirar dinheiro de alguém depois de ter lhe dado. Eu não consigo me imaginar dando uma gorjeta antecipadamente para meu cabeleireiro e exigir o dinheiro de volta se não gostar do corte. E pense no estresse que os professores na condição de "perda" nas escolas públicas de Chicago Heights devem ter sentido toda vez que seus alunos não iam bem em uma prova. Devem ter se sentido sob constante ameaça de perder dinheiro. Professores não ganham muito, então é bem provável que o dinheiro extra que haviam recebido tivesse sido usado para pagar contas ou comprar coisas que de fato precisavam. Mas é exatamente isso que é irônico: estamos falando dos mesmos US$ 4 mil, mas a ideia de perder o bônus parece mais ameaçadora do que nunca tê-lo recebido no início.

Efeito de Posse

A aversão à perda também pode ajudar a explicar por que compradores e vendedores raramente concordam sobre o valor de um item ao negociá-lo. Digamos que Annie esteja procurando por uma bicicleta ergométrica usada e tenha encontrado uma com três anos de uso que foi originalmente comprada por US$ 300. Annie acha que ela vale US$ 100, mesmo que pareça nova em folha, afinal é um modelo que já tem três anos. A dona da bicicleta, Jenny, acha que ela vale US$ 200 porque ela mal a usou. Esse é um cenário muito comum em qualquer transação de itens usados: o proprietário acha que o bem vale mais do que pensa o comprador. Na economia comportamental, esse fenômeno é chamado de efeito de posse.

A discrepância de preços pode ocorrer simplesmente porque o vendedor quer ganhar o máximo possível e o comprador quer pagar o mínimo possível. O proprietário também pode ter um apego emocional ao item. Mas além desses fatores, o efeito de posse ocorre devido ao mero fato da pessoa ser a proprietária e ao instinto que todos temos de evitar perder algo que é nosso, não importa o quão brevemente o tenhamos tido – mais especificamente, por causa da aversão à perda. O efeito de posse surge instantaneamente, mesmo antes que qualquer apego emocional possa se formar, como demonstrado no estudo a seguir.

Nesse experimento, os alunos da graduação foram solicitados a escolher entre uma caneca com o logotipo da faculdade em que estavam estudando e uma barra de chocolate suíço. Cerca de metade dos estudantes escolheu a caneca e a outra metade escolheu o chocolate.

Isso foi apenas uma condição de referência para estabelecer qual porcentagem desses alunos iria preferir um item em vez do outro.

Depois, a mesma escolha foi apresentada a um grupo diferente de estudantes da mesma faculdade, a caneca ou a barra de chocolate. Mas dessa vez o procedimento foi modificado de uma maneira aparentemente trivial. Primeiro, os pesquisadores ofereceram a caneca aos estudantes, dizendo que poderiam ficar com ela. Em seguida, lhes perguntaram se gostariam de trocar a caneca pela barra de chocolate suíço. Isso é essencialmente a mesma coisa que perguntar se eles querem a caneca ou o chocolate. Portanto, cerca de metade deles deveria efetuar a troca, de acordo com os resultados da condição de referência. Mas apenas 11% dos universitários decidiram trocar a caneca pelo chocolate suíço.

Para garantir que não há nada especial em começar oferecendo a caneca, os estudantes de um terceiro grupo primeiro receberam uma barra de chocolate e depois foram perguntados se gostariam de trocá-la por uma caneca. A mesma coisa aconteceu. Embora o primeiro experimento indicasse que cerca de metade deles trocaria o chocolate pela caneca, apenas 10% estavam dispostos a fazê-lo; 90% preferiram ficar com o chocolate.

É particularmente interessante nesse caso observar que os estudantes que receberam a caneca ou a barra de chocolate não tiveram tempo para se apegar emocionalmente a esses itens. Eles também não estavam tentando obter algum ganho financeiro com a situação, pois tanto as canecas quanto as barras de chocolate tinham um modesto valor de revenda, se é que de fato teriam algum. Porém, após ganharem a caneca, trocá-la significaria perdê-la. Isso também vale para a barra de chocolate. As pessoas simplesmente odeiam perder o que possuem, mesmo quando possuem algo por um breve momento.

Curiosamente, um estudo mostrou que a dor da perda é literalmente física. Um grupo de participantes desse experimento tomou

1.000 miligramas de paracetamol e outro apenas um placebo e depois todos preencheram uma pesquisa não relacionada ao estudo que durou trinta minutos – tempo suficiente para que o paracetamol começasse a fazer efeito em quem o tomou. Em seguida, metade dos participantes recebeu uma caneca, sendo informados de que agora ela pertencia a eles (condição de posse), e a outra metade recebeu uma caneca, mas a peça foi apresentada como sendo propriedade do laboratório (sem condição de posse). Por fim, foi solicitado que todos os participantes, independentemente das condições ou se haviam tomado paracetamol ou não, colocassem um preço na caneca caso fossem de vendê-la. Aqueles que tomaram o placebo exibiram o efeito de posse, e o preço de venda definido por eles foi significativamente maior do fixado por aqueles sem condição de posse. No entanto, entre o grupo formado por aqueles que tomaram paracetamol, não houve diferença significativa nos preços de venda definidos por quem tinha posse da caneca e por quem não tinha. Seria engraçado se o *Tylenol* adicionasse este aviso à sua lista de efeitos colaterais: "Paracetamol pode fazer você ignorar perdas e vender seus pertences por um preço menor do que o habitual". Ou se os órgãos de controle de medicamentos, como o FDA (ANVISA, no Brasil), permitissem, o laboratório poderia começar a anunciar: "Não consegue se livrar de um parceiro que não se compromete? Estamos aqui para ajudar", ou "Quer vender sua casa rápido? Tome *Tylenol*".

POR QUE O VIÉS DE NEGATIVIDADE

Assim como ocorre com muitos vieses cognitivos, o viés negativo está presente em nós porque foi e ainda nos é útil. Alguns cientistas argumentam que esse viés pode ter sido muito necessário no início da história humana, porque nossos antepassados viveram tão próximos dos limites da sobrevivência, caso em que perder algo significava morrer, que tiveram de priorizar a prevenção de possíveis perdas. Quando você não pode se dar ao luxo de perder nada, ganhos adicionais são uma espécie de luxo. Para fazer uma analogia moderna, é como estar dirigindo um carro em uma estrada quando o painel indica que o combustível está terminando, a luz vermelha brilhante que indica falta de gasolina está acesa há quinze minutos e você sabe que a próxima saída fica a dezesseis quilômetros de distância. Quem está nessa situação não se importa em desligar o ar-condicionado, mesmo que esteja um calor escaldante, porque não pode se dar ao luxo de desperdiçar nem uma gota de gasolina.

Hoje vivemos em ambientes mais prósperos, onde a maioria de nós não precisa tratar cada perda como uma ameaça direta à nossa existência. No entanto, o viés da negatividade ainda desempenha um papel muito útil, porque chama nossa atenção para coisas que precisam ser corrigidas. Não precisamos constantemente prestar atenção ao que está indo bem. Por exemplo, geralmente não estamos conscientes de nossa respiração ou ao modo como caminhamos; nós compreendemos que são atividades habituais, desde que funcionem. E isso é uma coisa boa, porque não devemos desperdiçar energia pensando demais em coisas que podemos fazer sem dificuldade ou dor. Mas quando nossa respiração se torna difícil ou caminhar se transforma em algo penoso, é hora de tomar uma atitude. A ameaça de perda da nossa capacidade de respirar ou caminhar é um poderoso motivador. Da mesma maneira, quando estamos prestes a perder a posse de algo, nossa atenção deve ser direcionada para isso. Uma nota C ou D não é apenas uma nota, é um sinal para um estudante de que ele precisa dar mais atenção aos seus estudos. Uma forma inata do viés de negatividade pode ser encontrada em pais de bebês, que são programados para responder a sinais negativos de seus filhos, como choro ou colorações ou odores incomuns em suas secreções. O que mantém os pais acordados à noite não são os sorrisos fofos ou a pele macia dos bebês, mas choro e vômito. É um viés negativo biologicamente incorporado em nossos filhos.

CUSTOS DO VIÉS DE NEGATIVIDADE E O QUE PODEMOS FAZER

Ainda que os vieses de negatividade tenham servido a um propósito para os humanos e ainda possam ser úteis em algumas situações, em casos extremos eles também podem se tornar prejudiciais. Por exemplo, se a preocupação dos pais com os problemas dos filhos se estender além da infância, isso pode ser um prato cheio para um drama na adolescência. "Você já terminou sua lição de casa? O que aconteceu com seu rosto? Por que você não faz mais exercício físico?" E como esses vieses podem ser inerentes, simplesmente estar ciente deles nem sempre pode nos ajudar a evitar cair em suas armadilhas mais prejudiciais. Porém, não somos completamente impotentes frente a eles. Há maneiras pelas quais podemos contrariar o viés de negatividade. Aqui estão duas estratégias possíveis, uma no contexto de tomar decisões erradas devido à aversão à perda e a outra no contexto do efeito de posse.

Os prejuízos mais tangíveis do viés de negatividade são aqueles que podem nos levar a tomar decisões erradas. Podemos deixar de comprar um livro que poderia ter mudado nossa vida, simplesmente porque deixamos que algumas críticas negativas anulassem dezenas de elogios que o livro recebeu. Ou deixar passar uma oportunidade de investimento que é de fato uma excelente sugestão com base no valor de retorno esperado, porque estamos muito preocupados com a possibilidade de perder algum dinheiro.

Um método que pode ser eficaz em casos como esses é aproveitar outro viés cognitivo conhecido como efeito de enquadramento.

Nossas preferências e escolhas são baseadas em como as opções são apresentadas em vez de usarmos como base de análise as opções em si. Já descrevi alguns exemplos do efeito de enquadramento nesse capítulo. Um exemplo foi aquele que mostra que podemos escolher voos que chegam no horário 88% das vezes, mas evitamos voos que atrasam 12% das vezes, outro exemplo foi o do vendedor que apresentou o preço máximo de um veículo e foi retirando alguns opcionais em contraste com o vendedor menos bem-sucedido que começou com o preço básico e tentou adicionar os opcionais.

O efeito de enquadramento é tão poderoso que pode literalmente ser uma questão de vida ou morte. Quando pacientes com câncer de pulmão foram informados de que tinham 90% de chances de sobreviver se passassem por uma cirurgia, mais de 80% deles optaram pela operação. Mas quando os pacientes foram informados de que tinham 10% de chance de morrer após a cirurgia, apenas metade deles escolheu a intervenção. Claramente, os pacientes devem ser apresentados a ambos os enquadramentos para que suas decisões não sejam influenciadas pelo viés de negatividade ou pelo viés de positividade.

Levando esse efeito de enquadramento um passo adiante, também podemos tentar reformular as perguntas que fazemos a nós mesmos. Aqui está um estudo que ilustra isso. Os participantes leram sobre uma batalha judicial hipotética pela guarda de um menor de idade entre a mãe "A" e o pai "B", que estavam em meio a um processo de divórcio litigioso. Os participantes do estudo tiveram acesso a detalhes sobre os pais que são relevantes para decisões relacionadas a quem terá a guarda, conforme mostrado na tabela abaixo. A mãe "A" é mediana em todas essas dimensões, não é ótima, mas também não é ruim. Em contraste, com o pai "B" que é mais heterogêneo com algumas características positivas como "renda acima da média", mas também algumas características negativas como "muitas viagens relacionadas ao trabalho".

MÃE "A"	PAI "B"
renda média	renda acima da média
relacionamento razoável com a criança	relacionamento muito próximo com a criança
vida social relativamente estável	vida social extremamente ativa
tempo mediano gasto no trabalho	muitas viagens relacionadas ao trabalho
saúde mediana	pequenos problemas de saúde

Perguntaram a um dos grupos de participantes a qual dos genitores eles *negariam* a custódia. A maioria escolheu o pai "B". Isso faz sentido de certo modo. Afinal, o pai tem muitas viagens relacionadas ao trabalho e alguns problemas de saúde, embora não muito relevantes. Mas tem uma vida social extremamente ativa que pode não ser boa para a criança. Foi o que eles provavelmente pensaram.

A mesma pergunta foi apresentada ao outro grupo de participantes, mas formulada de maneira oposta. A qual dos genitores eles concederiam a guarda da criança? A maioria dos participantes desse grupo escolheu o pai "B". Isso também faz sentido, considerando que o pai tem um relacionamento muito próximo com a criança e uma renda acima da média. Mas isso significa que, nos dois grupos, o pai foi considerado tanto melhor quanto pior do que o mãe "A".

Procurando motivos para negar a guarda, as pessoas se concentram em características negativas e negligenciam as positivas. Procurando motivos para conceder a guarda, elas se concentram em características positivas e negligenciam as negativas (se isso fez você lembrar um estudo sobre o viés de confirmação abordado no Capítulo 2 sobre o efeito de "Estou feliz?" *versus* "Estou infeliz?", você tem razão, pois o mesmo mecanismo está em ação nesse caso). Assim, quando você se sente incomodado demais por características negativas, pode encontrar equilíbrio se enquadrar a pergunta de maneira positiva – não apenas qual opção você rejeitaria, mas qual escolheria.

Agora, vamos pensar sobre maneiras de evitar o efeito de posse, que pode nos levar a tomar decisões erradas quando a mera posse nos faz atribuir um valor maior a algo do que ele realmente vale. Um exemplo é quando caímos em táticas de marketing que exploram isso. As assinaturas gratuitas de teste são os casos mais comuns. Sabemos que é grátis por trinta dias e marcamos a data final no calendário para que nos lembremos de cancelar a assinatura, então aquilo parece inofensivo. Mas o efeito de posse faz com que a associação pareça muito mais atraente, uma vez que a possuímos. De repente, passamos a sentir que não podemos ficar sem algo que nem sequer queríamos de fato.

Minha família adquiriu uma assinatura do Disney+ apenas para assistir à versão cinematográfica do musical da Broadway *Hamilton*. Embora não fosse um teste gratuito, a assinatura mensal custava apenas US$ 6,99, e o filme valeu totalmente a pena. Seria muito fácil cancelar a assinatura. Ou pelo menos eu achava que seria. Justificativas para manter a assinatura começaram a surgir depois de assistirmos a *Hamilton* três vezes ou quem sabe, talvez tenhamos vontade de assistir novamente à série *Star Wars* ou ao filme *Frozen*... afinal, é mais barato que o preço de um bolinho e um café *latte* no Starbucks.

Mais um exemplo de tática de vendas que usa como base o efeito de posse é a política de "devolução gratuita". Como sabemos que podemos receber nosso dinheiro de volta se não gostarmos do item, estamos mais propensos a correr riscos e comprá-lo. Depois que o produto chega, e especialmente depois de experimentá-lo, ter que empacotá-lo novamente e levá-lo até uma agência do correio se transforma em uma tarefa árdua. Mesmo que não estejamos apaixonados por ele, dizemos: "OK, até que eu gostei, acho que vou encontrar uma ocasião para usá-lo". Acaba ficando complicado demais devolver aquilo que a princípio era apenas algo que não ofereceria riscos e poderia ser devolvido sem custo.

O que nos leva ao nosso guarda-roupas. O efeito de posse e a aversão à perda são certamente as principais razões pelas quais nosso guarda-roupa vive abarrotado. Desapegar-se de roupas que não usamos há mais de três anos pode ser tão doloroso quanto se separar de um velho amigo. Podemos ainda nos lembrar quanto pagamos por esses tesouros. Ou pior ainda, quem nos deu de presente. Nunca faltam desculpas para mantê-los. Meu marido tem seis pares de calças rasgadas e três pares de sapatos velhos, todos para fazer jardinagem, mas que são usados não mais que alguns finais de semana por ano, sendo que ele mal encontra tempo para trabalhar nisso. Eu mesma guardei um casaco com ombreiras da Armani que encontrei em uma liquidação com 85% de desconto na década de 1990 e duas saias lápis da época em que eu ainda não tinha filhos.

Então eu li o livro *A Mágica da Arrumação*, um *best-seller* número 1 do *New York Times*, escrito por Marie Kondo. Trata-se de uma organizadora profissional, não uma psicóloga, mas ninguém conhece mais do que ela sobre aversão à perda. Para superar esse medo, a primeira coisa que ela nos recomenda fazer é retirar tudo, todas as roupas penduradas, tudo das gavetas e todos os sapatos dos armários e jogá-los no chão. Isso porque quando os jogamos no chão não os possuímos mais. O efeito de posse diminui e não temos mais medo da perda. Fazendo isso, nossas decisões são reformuladas para escolher e selecionar. Passamos de um cenário de perda para um de ganho. Agora podemos avaliar cada item por seus próprios méritos, em vez de uma escolha baseada no medo da perda. Quando arrumei meu armário como Marie Kondo sugere, fingindo que estava comprando cada item de pilha gigante de roupas e sapatos, as decisões foram fáceis. Eu nunca compraria uma saia que fosse um tamanho menor que o meu. Nem uma jaqueta com ombreiras, mesmo que essa moda volte daqui a dez anos.

E quanto à assinatura de teste grátis e devoluções gratuitas? Já tendo assistido *Hamilton* três vezes, me perguntei se começaria a assinar o Disney+. E o vestido que havia comprado pela internet precisava ser mandado de volta, agora que sei que o rosa na tela do meu computador é na verdade fúcsia. A assinatura foi cancelada e o vestido devolvido.

6

INTERPRETAÇÃO TENDENCIOSA

Por Que Não Conseguimos Ver as Coisas Como Elas São

Em 1999, eu estava grávida da minha filha e me preparando meticulosamente para sua chegada. O parto estava previsto para o início de junho, e em maio eu já tinha providenciado os itens essenciais: uma cadeirinha para o carro, dois carrinhos de bebê, oito mantas, quinze babadores, dez pacotes de fraldas e dez macacões de bebê. Eu já estava cuidando de itens que considerava menos urgentes, incluindo livros como *Boa Noite, Lua* e *A Lagarta Muito Comilona* (acredito na educação precoce) e uma luz noturna, mas me deparei com um estudo na revista *Nature* que me fez reconsiderar essa compra.

Bebês que dormiam com uma luz acesa tinham cinco vezes mais chances de desenvolver miopia do que aqueles que dormiam no escuro, segundo o estudo. Esse estudo recebeu bastante atenção da mídia e, como a CNN destacou, "mesmo baixos níveis de luz podem penetrar nas pálpebras durante o sono, mantendo os olhos trabalhando quando deveriam estar em repouso. Ter esse cuidado durante a primeira infância, quando os olhos estão se desenvolvendo rapidamente, pode prevenir problemas de visão". É claro que risquei as luzes noturnas da lista cada vez maior de preparativos para minha filha que estava para chegar.

Um ano depois, outro artigo foi publicado na revista *Nature* revisando o estudo anterior. Descobriu-se que a correlação entre luzes noturnas e miopia era devida à visão dos pais. Pais com miopia tinham mais probabilidade de usar luzes noturnas e, em razão de fatores hereditários, as crianças de pais míopes tinham mais probabilidade de também serem míopes. A CNN corrigiu sua reportagem anterior: PODE DEIXAR ACESO: ESTUDO DIZ QUE A ILUMINAÇÃO NOTURNA NÃO PREJUDICA A VISÃO DAS CRIANÇAS. Esse é um ótimo exemplo de como correlação não implica causalidade, mas ainda não é o meu foco. Tenha paciência que vamos nos aprofundar um pouco mais.

Em 2001, um ano depois que o estudo da luz noturna foi revisado, eu engravidei do meu filho. Tendo em vista o que já sabia na época, eu, uma pessoa com miopia grave, usaria uma luz noturna no quarto dele? A resposta é *com certeza não*. Parecia mais sábio arriscar bater o joelho na quina de uma cômoda ou tropeçar em uma lata de lixo do que correr o menor risco de prejudicar os preciosos olhos dos meus filhos (é claro que meus dois filhos usam óculos, apesar de todas as minhas contusões).

Como psicóloga cognitiva, fiquei interessada nessa minha resistência. Até criei um nome para isso: impressão causal. Eis como ela funciona: em primeiro lugar, digamos que, na Etapa 1, uma pessoa observa a correlação entre A e B, como mostrado na figura: quando A está presente, B tende a estar presente, mas quando A não está presente, B também tende a não estar presente. Com base nessa observação, pode-se inferir, na Etapa 2 que A causa B, como luzes noturnas causam miopia. A fase crítica é a Etapa 3, quando é descoberta a presença de um terceiro fator, C, que estava presente sempre que A e B ocorriam juntos. Além disso, sempre que C estava ausente, A e B não ocorriam juntos. Com base nessa observação, a inferência causal mais válida seria que C causa A e B, e que A não causa B. A observação da correlação entre A e B na Etapa 1 é falsa porque C ainda era desconhecido. No entanto, uma vez que alguém tenha introjetado a crença de que A causa B, essa pessoa ainda interpretará o padrão de causa comum dos dados na Etapa 3 como A causando B, mesmo depois de aprender sobre C e mesmo que não haja evidência alguma de que A cause B na ausência de C.

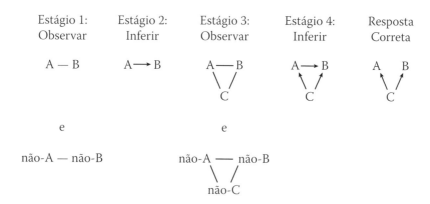

Em uma série de experimentos que realizei com Eric Taylor, um pesquisador que trabalhou comigo no pós-doutorado, descobrimos que os participantes que começaram na Etapa 3 (isto é, observando todos os fatores, A, B e C, de uma só vez) facilmente identificaram a relação causal correta, que era que C causa A e B, e que A não causa B. Portanto, a questão não é que as pessoas teriam dificuldades inerentes em aprender uma estrutura de causa comum.

Assim como eu fiz com as luzes noturnas e a miopia, se os participantes começarem a partir da Etapa 1 e desenvolverem a crença inicial de que A causa B, essa crença é introjetada e fica difícil de ser alterada, mesmo depois de terem acesso ao padrão completo de dados, que claramente indica que a associação causal entre A e B é falsa. Uma vez que alguém acredita que A causa B, nada no novo conjunto de dados apresentado na Etapa 3 irá contradizer essa crença inicial: A e B ainda parecem estar correlacionados, então a pessoa interpreta essa correlação como evidência de que A causa B e não revê a crença equivocada.

Temos aqui um outro exemplo de viés de confirmação, nossa tendência a aderir às nossas crenças pré-existentes. No Capítulo 2, eu discuti o tipo de viés de confirmação que ocorre quando não buscamos informações que possam contradizer o que já consideramos estar correto. Desta vez, o viés de confirmação ocorre porque interpretamos novos dados de modo que se encaixem naquilo que acreditamos ser a verdade.

A NATUREZA PERVASIVA DAS INTERPRETAÇÕES TENDENCIOSAS

Aqui está outra história envolvendo minha prole e a interpretação tendenciosa. Quando meu segundo filho tinha 4 anos, tivemos um debate enquanto eu dirigia. Ele me perguntou por que a luz amarela do semáforo é chamada de luz amarela. Eu não entendi sua pergunta, mas ele tinha apenas 4 anos, então eu disse: "É chamada de luz amarela porque é amarela". Ao que ele respondeu: "Não é amarela, é laranja". Eu pacientemente o corrigi, enquanto me perguntava se meu marido havia escondido de mim ser daltônico e, portanto, poderia ter transmitido essa característica ao nosso filho. Meu filho insistiu: "Mamãe, olha só para ela". Para provar que ele estava errado, parei no próximo semáforo amarelo e fiquei olhando para ele. E lá estava: uma luz laranja. Tudo bem, não é da cor das laranjas maduras da Flórida, mas é inegavelmente mais próxima da cor de uma laranja do que da cor de um limão siciliano. Olhe você mesmo. Mais tarde, descobri que os semáforos amarelos têm a cor alaranjada de propósito, para assegurar a máxima visibilidade (no departamento de trânsito e no Reino Unido, são conhecidas como luzes âmbar). Tudo bem, mas por que eu cresci achando que eram amarelas? Senti-me enganada a vida toda. Meus pais as chamavam de luzes amarelas e eu sempre as chamei de luzes amarelas. Quando era pequena, desenhava semáforos com giz de cera vermelho, verde e amarelo-limão. A parte mais assustadora é que, até meu filho me corrigir, eu realmente as via como sendo amarelo-limão.

É bastante comum ter uma interpretação tendenciosa da realidade por causa de uma crença inicial. Embora este exemplo não seja perigoso – pois não importa se chamamos a luz de um semáforo de amarela, laranja ou âmbar, desde que a obedeçamos – podemos achar que pessoas revisam suas crenças iniciais à luz de novos dados quando as consequências de não fazê-lo são prejudiciais. Mas existem muitos exemplos de interpretações tendenciosas que persistem em nós mesmo quando novas evidências contrárias são apresentadas, mesmo quando essas interpretações prejudicam tanto a nós mesmos quanto a outras pessoas de maneiras significativas.

Por exemplo, todos nós conhecemos pessoas que sempre atribuem a culpa pelos seus problemas a outras pessoas. Quando se atrasam para uma reunião, culpam o trânsito, apesar do fato de que sempre há tráfego pesado no caminho naquele horário. Quando magoam alguém, pedem desculpas dizendo: "Sinto muito se você se sentiu assim". Acreditar que estão sempre certos e que a outra pessoa está sempre errada pode proteger seus frágeis egos, mas os priva de oportunidades para aprender, crescer e desenvolver relacionamentos sólidos e saudáveis.

E há aqueles que culpam sempre a si mesmos. Tendem a duvidar de qualquer elogio que recebem ("Ele deve dizer isso para todo mundo"), minimizam suas realizações ("Eu tive sorte") e amplificam de maneira demasiada um *feedback* negativo construtivo, considerando algo condenatório ("Sou mesmo um desastre"). Talvez eles sofram da síndrome do impostor. Nunca são bons o suficiente, e nenhuma nova evidência contrária pode quebrar suas crenças negativas pré--existentes sobre si mesmos.

Pessoas que sofrem de depressão estão mais suscetíveis a interpretações tendenciosas prejudiciais a si mesmas. Suponha que Ella envie uma mensagem de texto para seu amigo Les: "Alguma sugestão para sexta-feira à noite?". Quatro minutos depois, o *status* da mensagem muda de "entregue" para "lida", mas Les não responde. Agora já se passaram duas horas. Claro que pode haver muitas razões para Les não responder. Ele pode ter acabado de entrar em uma reunião extremamente entediante que o fez esquecer da mensagem, pode ter deixado seu telefone cair em uma tigela cheia de sopa de macarrão logo depois de ler a mensagem, ou um pássaro pode ter defecado em sua cabeça e ele está desde então lavando o cabelo com xampu antibacteriano. Embora a situação seja completamente interpretativa, Ella, que tem dúvidas sobre seu valor, conclui que Les não quer mais ser seu amigo.

As pessoas também prejudicam quem está a seu redor quando perpetuam impressões imprecisas sobre os outros baseadas em estereótipos infundados. Há inúmeros estudos que mostram isso, e um dos meus favoritos examinou a diferença salarial entre gêneros, um problema social preocupante e controverso. As mulheres recebem salários menores do que os homens, mas algumas pessoas argumentam que isso não é injusto porque reflete diferenças reais de capacidade. O estudo em questão examinou o que acontece quando dois candidatos a um trabalho de pesquisa são idênticos em todos os aspectos, exceto no gênero.

Os participantes desse experimento eram professores doutores em ciências de grandes universidades americanas com departamentos de ciências altamente proeminentes e respeitados. Foi solicitado que avaliassem um candidato para o cargo de gerente de laboratório. Os documentos do processo de inscrição indicavam onde os candidatos haviam obtido seus diplomas de bacharelado, suas notas médias, suas pontuações no GRE (que é como o SAT, um exame equivalente ao Enem brasileiro, mas nesse caso para a pós-graduação), as experiências deles em pesquisas anteriores, planos futuros e outras informações geralmente solicitadas a pessoas que se candidatam a esse tipo de vaga. Todos os professores que participaram desse estudo receberam a mesma documentação de inscrição, a única diferença era que em metade delas o nome do candidato era John e na outra metade era Jennifer.

Apesar das credenciais da Jennifer e do John serem exatamente iguais, os participantes do estudo, todos eles professores doutores em ciências, treinados para interpretar dados sem nenhum viés, classificaram John como mais competente, contratável e merecedor de orientação docente do que Jennifer. Quando questionados sobre o valor do salário que ofereceriam ao candidato, a média citada para John foi maior do que para Jennifer em mais de US$ 3.500 (ou 10%). Esses cientistas interpretaram a mesma candidatura de maneiras diferentes por causa do gênero do candidato. O estudo se torna ainda mais notável pelo fato de que essa atitude não foi adotada apenas pelos professores homens, mas também pelas professoras.

Inúmeros estudos semelhantes demonstram vieses baseados em todos os tipos de "ismos" possíveis, não apenas sexismo, mas racismo, etnocentrismo, heterossexismo, capacitismo, etarismo e classe social. Vamos considerar um estudo que examinou um conjunto de problemas atrozes que recentemente estiveram no centro dos debates na sociedade: a violência policial e o racismo. Os participantes, em sua maioria homens e mulheres brancos, foram convidados a jogar um videogame no qual um indivíduo aparece inesperadamente em uma simulação da vida real (como na frente de um *shopping center* ou em um estacionamento) segurando uma arma (um revólver prateado ou uma pistola 9 mm preta) ou outro objeto (como uma lata de alumínio prateada, um celular preto ou uma carteira preta). Os pesquisadores se esforçaram para tornar esses objetos facilmente identificáveis na tela, de modo que não gerasse uma má interpretação. Os participantes foram instruídos a "atirar" na pessoa se ela estivesse segurando uma arma e a pressionar um botão "não atirar" se ela não estivesse segurando uma arma. Eles tiveram de fazer isso sob a pressão de um cronômetro, simulando situações que os policiais enfrentam ao serem chamados para potenciais cenas de crime. As pessoas que apareciam na tela às vezes eram homens brancos e às vezes negros.

É provável que você já tenha imaginado os resultados dessa simulação. Os participantes mostraram-se muito mais propensos a atirar em um homem negro desarmado do que em um homem branco desarmado. Ou seja, uma lata de alumínio tem mais chances de ser confundida com um revólver prateado se estiver nas mãos de um homem negro. Além disso, os participantes mostraram-se muito mais propensos a julgar erroneamente um homem branco com uma arma do que um homem negro com uma arma. Ou seja, uma pistola preta tem mais chances de ser interpretada como um celular ou uma carteira preta se estiver nas mãos de um homem branco.

Em um dos estudos subsequentes, os pesquisadores avaliaram a rapidez com que os participantes pressionaram o botão "não atirar" quando o alvo estava desarmado. Dessa vez, eles se certificaram de recrutar não apenas participantes brancos, como nos experimentos anteriores, mas também negros. Tanto os participantes brancos quanto os negros pressionaram o botão "não atirar" mais rapidamente quando o alvo desarmado era um homem branco do que quando era um homem negro.

PESSOAS INTELIGENTES PODEM SER MAIS SUSCEPTÍVEIS AOS VIESES

Será que algumas pessoas são menos suscetíveis aos vieses? E quanto àquelas que são consideradas inteligentes? Poderíamos pensar que pessoas mais inteligentes podem discernir o que é certo ou errado e aplicar apenas o conhecimento relevante para ajudá-las a interpretar dados ou julgar o que veem. Por outro lado, quando ficamos sabendo que algumas pessoas reagem a certos eventos de maneira completamente oposta ao esperado, é tentador pensar que seriam menos inteligentes do que nós. Por exemplo, suponha que uma pessoa acredite firmemente que a Covid-19 não é mais perigosa do que uma gripe comum. Poderíamos pensar que apenas pessoas tolas acreditariam em uma teoria tão ridícula, tratando a morte de milhões de pessoas em todo o mundo como mortes "comuns", acreditando que todos estavam prestes a morrer de qualquer maneira. Mas há muitas pessoas que demonstraram inteligência em outras áreas de suas vidas e que repetem essa ideia comprovadamente falsa.

Na verdade, pessoas mais inteligentes podem estar mais propensas a interpretações tendenciosas, porque têm mais recursos para encontrar mais e melhores maneiras de explicar os fatos que contradizem suas crenças. Um estudo seminal de 1979 é provavelmente o mais citado em pesquisas sobre o viés de confirmação, especialmente sobre o tipo que pode levar à polarização política. Mas o fato de ter sido preciso muita inteligência e esforço dos participantes para sustentar seus vieses não foi muito estudado, e apresento a seguir os detalhes sobre essa perspectiva.

Estudantes universitários foram recrutados para participar do estudo com base em sua opinião sobre a pena de morte. Alguns eram defensores da pena de morte, pois acreditavam que ela evita crimes. Outros eram contra a pena capital. Assim que chegaram ao laboratório, foi solicitado aos participantes que lessem os resultados de dez estudos que examinaram se a pena de morte aumentava ou diminuía as taxas de criminalidade. Metade desses estudos (hipotéticos) mostrava o efeito dissuasório, como no exemplo as seguir:

> Kroner e Phillips (1977) compararam as taxas de homicídio no ano anterior e no ano seguinte à adoção da pena de morte em 14 estados. Em 11 dos 14 estados, as taxas de homicídio foram menores após a adoção da pena de morte. Essa pesquisa apoia o efeito dissuasório da pena de morte.

A outra metade dos estudos apresentados relatava que a pena capital não diminuía as taxas de criminalidade:

> Palmer e Crandall (1977) compararam as taxas de homicídio em 10 estados vizinhos com diferentes leis de pena de morte. Em 8 dos 10, as taxas de homicídio foram mais altas no estado com pena de morte. Essa pesquisa refuta o efeito dissuasório da pena de morte.

Toda vez que os participantes liam um estudo, era solicitado que avaliassem mudanças em suas atitudes em relação à pena de morte. Nesse ponto, os leitores podem esperar que eu relate o mesmo velho viés de confirmação: que os apoiadores da pena de morte disseram que ainda tinham opiniões positivas sobre a pena capital, enquanto os oponentes da pena de morte ainda tinham opiniões negativas, independentemente dos estudos que haviam lido.

Por incrível que possa parecer, não foi isso o que se viu. Após lerem os resultados de um estudo mostrando o efeito dissuasório, tanto os defensores quanto os oponentes se tornaram mais favoráveis à pena de morte. Do mesmo modo, após lerem os resultados que mostravam o contrário, ambos os grupos se tornaram mais contrários a esse tipo de punição. Ou seja, as pessoas foram afetadas por novas informações, ainda que contradissessem suas visões originais. As atitudes iniciais deles moderaram o quanto de mudança foi observado – por exemplo, após receberem informações sobre a dissuasão, os defensores se tornaram ainda mais positivos em relação à pena de morte do que os oponentes – mas isso não os impediu de fazer alguns ajustes.

Na segunda fase do estudo, depois de terem lido apenas breves descrições dos resultados, os participantes foram convidados a ler com mais detalhes as metodologias de cada estudo, como o critério usado para a seleção dos estados que participaram dos estudos (já que os estados dos EUA têm leis diferentes) ou o período coberto em cada um dos estudos. Os participantes também foram informados em detalhes sobre os resultados. Esses detalhes fizeram uma grande diferença, porque forneceram aos participantes inteligentes justificativas para descartar a evidência quando os resultados contradiziam suas crenças originais.

A seguir alguns exemplos do que os participantes disseram:

> *O período abrangido pelo estudo foi de apenas um ano antes e um ano depois da reintrodução da pena de morte. Para ser um estudo mais eficaz, deveriam ter coletado dados de pelo menos dez anos antes e tantos anos quanto possível após a reintrodução.*
>
> *Houve falhas demais no processo de escolha dos estados e variáveis demais envolvidas no experimento como um todo, o que não permite que eu mude minha opinião.*

Usando críticas bem elaboradas, ficaram ainda mais convictos de que os estudos cujos resultados contradiziam suas crenças e atitudes iniciais eram inconsistentes. Além disso, os resultados contraditórios os tornaram ainda mais convencidos de sua posição inicial. Os defensores da pena de morte se tornaram ainda mais positivos em relação a ela depois de lerem os detalhes sobre os estudos que negariam o efeito dissuasório da pena de morte. Do mesmo modo, os participantes contrários à punição se tornaram críticos ainda mais ferrenhos a ela depois de lerem detalhes sobre os estudos que apoiavam o efeito dissuasório. Ou seja, as evidências que contradiziam suas crenças iniciais resultaram em uma polarização ainda mais acentuada.

Desenvolver justificativas para descartar evidências requer muitas habilidades de pensamento analítico e muito conhecimento, como capacidade de coletar e analisar dados, ou saber por que a lei dos grandes números, abordada no Capítulo 5, é importante. Quando os participantes não tiveram oportunidade de aplicar essas habilidades sofisticadas nos estudos, pois as descrições eram muito breves, não houve assimilação tendenciosa. Porém, no momento em que eles tiveram acesso à metodologia, puderam usar suas habilidades e conhecimentos para encontrar falhas nos estudos que contradiziam a posição original deles, a ponto de fortalecer suas crenças, mesmo diante de novas evidências.

Mas este estudo não investigou diretamente as diferenças individuais nas habilidades de raciocínio dos participantes. Outro estudo investigou de modo mais direto se indivíduos com diferentes níveis de habilidade de raciocínio quantitativo diferem em interpretações tendenciosas. Os pesquisadores mediram primeiro a habilidade numérica dos participantes, sua capacidade de raciocinar usando conceitos numéricos. As perguntas usadas para medir essa capacidade variaram em dificuldade, mas todas exigiam um nível bastante elevado de raciocínio quantitativo para serem respondidas corretamente – algumas eram um pouco mais complicadas do que outras, por exemplo, calcular gorjetas ou o preço de um par de sapatos numa liquidação que oferece 30% de desconto, e outras muito mais difíceis de serem respondidas. Perguntas como estas:

Imagine que jogamos um dado com cinco faces, 50 vezes consecutivas aleatoriamente. Em média quantas vezes esse dado de cinco lados mostra um número ímpar? (Resposta correta: 30)

Em uma floresta, 20% dos cogumelos são vermelhos, 50% são marrons e 30% são brancos. A probabilidade de um cogumelo vermelho ser venenoso é de 20%. A probabilidade de um cogumelo que não é vermelho ser venenoso é de 5%. Qual é a probabilidade de que um cogumelo venenoso dessa floresta seja vermelho? (Resposta correta: 50%)

Em seguida, os participantes foram apresentados a alguns "dados" mostrando uma relação entre um novo creme para a pele e irritação cutânea. A tabela abaixo mostra os dados aos quais os participantes tiveram acesso. Em 223 de um total de 298 casos (ou seja, em cerca de 75% dos casos) em que o creme para a pele foi usado, a erupção cutânea apresentou um quadro de melhora, mas nos 75 casos restantes ela piorou. Com base nos dados, muitas pessoas logo concluiriam que o novo creme é eficaz no tratamento de erupções cutâneas.

Mas lembra como eu usei o *spray* contra monstros e a sangria para ilustrar o viés de confirmação, no Capítulo 2? Assim como é preciso verificar o que acontece quando não usamos o *spray* contra monstros, também precisamos olhar para os casos em que o novo creme para a pele não foi aplicado. Os dados resumidos na tabela abaixo mostram que em 107 de um total de 128 casos (ou seja, em cerca de 84% das vezes) em que o novo creme para a pele não foi aplicado, a alergia melhorou. Em outras palavras, de acordo com esses dados, aqueles com alergia dérmica teriam se curado sem a aplicação do creme.

	alergia melhorou	alergia piorou
Pacientes que usaram o novo creme para a pele (total = 298)	223	75
Pacientes que não usaram o novo creme para a pele (total = 128)	107	21

Avaliar esses resultados corretamente é uma tarefa bastante desafiadora, portanto faz sentido acreditar que quanto maior a pontuação do participante na avaliação de habilidade numérica, maior a probabilidade de que ele tenha acertado as respostas. E de fato foi o que aconteceu. Devo também acrescentar que não houve diferença entre as habilidades de democratas e republicanos em fazer tais avaliações corretas. Isso pode parecer uma coisa estranha para mencionar aqui, mas foi fundamental estabelecer isso, porque, em outra condição do estudo, os participantes receberam números idênticos aos usados nos dados do creme para alergia, mas dessa vez apresentados em um contexto politicamente carregado.

Os dados tratavam da relação entre controle de armas (especificamente, a proibição do porte de armas de fogo em locais públicos) e as taxas de criminalidade. Foram apresentadas duas versões desses dados: uma mostrava que o controle do porte de armas de fogo aumenta a criminalidade, o que que vai ao encontro da visão da maioria dos republicanos, e o outro mostrava que o controle do porte de armas diminuía a criminalidade, corroborando a visão mais comum entre os democratas.

Independentemente do fato de os participantes serem democratas ou republicanos, aqueles que obtiveram pontuações baixas em habilidades numéricas tiveram dificuldade para acertar as respostas, como nos exemplos do creme para a pele e da sangria. Eles precisavam determinar se o controle do porte de armas aumentava ou diminuía a criminalidade. Pelo menos, suas interpretações dos dados não apresentaram nenhum viés. Independentemente do fato de os dados demonstrarem que o controle de armas aumenta ou diminui a criminalidade, democratas e republicanos com pontuações mais baixas em habilidades numéricas estavam mais propensos a estar incorretos, e não houve diferença entre democratas e republicanos, assim como na versão do creme.

DADOS CONSOLIDADOS – REPUBLICANOS		
	redução da criminalidade	aumento da criminalidade
Cidades que proibiram o porte de armas em espaços públicos (total = 298)	223	75
Cidades que não proibiram o porte de armas em espaços públicos (total = 128)	107	21

Nota: De acordo com esses dados fictícios, o controle do porte de armas aumentou a taxa de criminalidade porque 25% das cidades com controle de armas apresentaram aumento nas ocorrências de crimes, enquanto 16% das cidades sem controle do porte de armas apresentaram aumento na criminalidade.

DADOS CONSOLIDADOS – DEMOCRATAS		
	redução da criminalidade	aumento da criminalidade
Cidades que proibiram o porte de armas em espaços públicos (total = 298)	75	223
Cidades que não proibiram o porte de armas em espaços públicos (total = 128)	21	107

Nota: De acordo com esses dados fictícios, o controle do porte de armas diminuiu a taxa de criminalidade porque 25% das cidades com controle de armas apresentaram redução na criminalidade, enquanto 16% das cidades sem controle do porte de armas apresentaram uma diminuição na criminalidade.

Entre aqueles com maior habilidade numérica, percebemos um maior viés. Republicanos com maior habilidade numérica tinham mais probabilidade de acertar quando a resposta correta era que o controle do porte de armas aumentava o crime. Democratas com maior habilidade numérica tinham mais probabilidade de acertar quando a resposta correta era que o controle do porte de armas reduzia o crime. Ou seja, pessoas com habilidades de raciocínio quantitativo mais apuradas as utilizavam apenas quando os dados apoiavam suas visões pré-existentes.

Não estou querendo afirmar que aqueles que não possuem altos níveis de habilidades quantitativas ou de raciocínio analítico não fazem interpretações tendenciosas. Claro que fazem. É altamente improvável que apenas as pessoas "inteligentes" façam, por exemplo, julgamentos rápidos baseados em etnia a respeito do fato de alguém estar segurando uma arma ou um celular. A questão aqui é que habilidades consideradas "inteligentes" não libertam as pessoas de tendências irracionais e, às vezes, podem até mesmo agravar os preconceitos.

POR QUE INTERPRETAMOS FATOS DE MANEIRA TENDENCIOSA?

Interpretar fatos e dados de maneira que se encaixem nas crenças tendenciosas de alguém pode representar uma ameaça para os indivíduos e para a sociedade. Antes de discutir o que podemos fazer para combater essa tendência, se é que há algo a ser feito, vale a pena considerar a razão pela qual fazemos isso e por que tantas vezes não conseguimos reconhecer e combater essas crenças tendenciosas.

É verdade que fatores motivacionais desempenham um papel crucial. A motivação para isso pode ser a necessidade de autoafirmação, de mostrar que estamos certos (mesmo quando não estamos). Às vezes há também o desejo de proteger as crenças da família e de grupos ou partidos políticos dos quais fazemos parte. É válido em alguns casos explicar interpretações tendenciosas com base em um raciocínio de caráter motivador. Mas há muitas situações em que nossas interpretações são tendenciosas mesmo sem a presença de fatores motivacionais. Vamos levar em consideração novamente o semáforo. Eu não tinha nenhum interesse pessoal em acreditar que a luz do meio era amarela. Tenho opiniões fortes sobre muitas questões, mas a cor dos semáforos não é uma delas. Apesar disso, tenho visto erroneamente essa luz como sendo amarela desde criança, simplesmente porque acreditava que era dessa cor. Ou considere as professoras doutoras de ciências que ofereceram para Jennifer um salário mais baixo do para John; é muito pouco provável que elas quisessem conscientemente dificultar o acesso de mulheres no campo da ciência. Poucos diriam que os participantes negros que decidiram mais rapidamente não atirar em um alvo branco e desarmado do que em um alvo negro e desarmado desejam uma sociedade mais racista. Mesmo quando não somos motivados a acreditar em algo, nossas crenças existentes podem falsear o que vemos ou vivenciamos, porque é assim que funciona a nossa cognição. Reconhecer essas crenças como parte de nossos mecanismos cognitivos pode nos ajudar a compreender o quão profundamente enraizadas estão.

Os mecanismos cognitivos por trás dos vieses interpretativos não são diferentes daqueles que usamos em nossa vida cotidiana. Os seres humanos possuem uma vasta quantidade de conhecimento que usamos de maneira constante, inconsciente e automática sempre que processamos estímulos externos. Na ciência cognitiva, isso é chamado de processamento de cima para baixo.

Por exemplo, considere a maneira como processamos a entrada de áudio, como quando alguém está falando algo. Aqueles que cresceram nos Estados Unidos devem ter ouvido por diversas vezes o Juramento de Lealdade (*Pledge of Allegiance*): "Eu juro lealdade à Bandeira dos Estados Unidos da América e à República a qual ela representa, uma nação sob Deus, indivisível, com liberdade e justiça para todos". Não é incomum ouvir crianças recitando como "sob Deus, invisível" ou "à República para que as bruxas se levantem"[*] porque de fato soa assim. Quando consideramos as propriedades puramente fonéticas dessas palavras, tais erros são compreensíveis. É somente quando pensamos no verdadeiro significado do juramento que percebemos que não é possível que "bruxas" ou "invisível" sejam as palavras corretas.

Pense no recurso de transcrição de mensagens de áudio em texto. Fiquei bastante impressionada com a maneira como meu iPhone redige números de telefone para mim, e as mensagens desde a última atualização que foram transcritas têm sido surpreendentemente precisas. Apesar dessa melhoria impressionante na inteligência artificial, recebi

---

[*] No original, o trecho do texto é "to the Republic for which it stands", que significa "à República a qual a bandeira representa", mas isso soa muito parecido com "to the Republic for witches stand", que significaria algo como "à República para que as bruxas se levantem". (N. do P.)

a seguinte transcrição de mensagem de áudio na semana passada: "Olá, esta mensagem é para _____, meu nome é Mary, estou ligando de [gritar no seu nariz e garganta] [*yell at your nose and throat*], por favor, ligue de volta para o nosso escritório no número [número eliminado] e selecione a opção número três de novo, estou ligando de [Yale seu nariz e garganta] [*Yale your nose and throat*]". Posso relevar o fato de que a transcrição nem sequer tentou redigir meu nome (a menos que haja um viés cultural sistemático incorporado ao sistema de inteligência artificial), mas o que seria "gritar no seu nariz e garganta" e "Yale seu nariz"? Eu ouvi então a mensagem de voz original de Mary, que pronunciou "Yale Ear Nose and Throat" [o nome de uma clínica de otorrinolaringologia localizada em New Haven, Connecticut] com tanta clareza quanto seria possível imaginar. Mas o fato é que trata-se de uma fala altamente ambígua e é graças ao nosso conhecimento de cima para baixo e à riqueza de referências às quais recorremos inconscientemente que somos capazes de compreender frases ambíguas e significados tão facilmente. Meu processamento de cima para baixo era tão forte e automático que eu absolutamente não consegui ouvir ela falar "yell at your nose", mesmo após ouvir a gravação por muitas e muitas vezes.

Mas será que as pessoas podem ver um objeto idêntico de duas maneiras opostas apenas por conta daquilo em que acreditam naquele momento, mesmo que não tenham nenhum interesse particular naquela crença? Minha ex-aluna de pós-graduação Jessecae Marsh e eu examinamos essa questão durante um experimento. No início, cada participante viu um *slide* que tinha uma imagem de um tipo de bactéria presente em uma amostra de solo no lado esquerdo da tela (a bactéria se parece com uma barra) e, ao lado dela, uma imagem da amostra (como pode ser visto nos painéis da figura abaixo). A amostra estava claramente identificada para indicar se nitrogênio estava ou não presente. Os participantes foram informados de que seriam mostrados vários *slides* e, em seguida, teriam de descobrir se um certo tipo de bactéria causa ou não a presença de nitrogênio no solo.

Cada participante então viu sessenta páginas na tela, cada uma mostrando uma amostra de solo diferente à direita. No início, foram mostrados dois tipos de bactérias, como visto nos dois painéis superiores da figura abaixo: em alguns, as bactérias eram longas, se estendendo do topo da imagem até a parte inferior, e em outros apareciam como uma pequena barra com muito espaço vazio acima e abaixo dela.

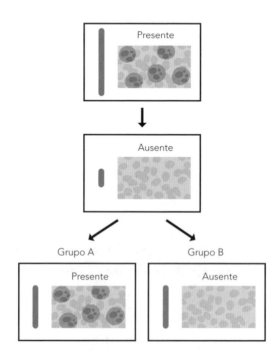

Como ilustrado nas duas imagens superiores da figura, os participantes primeiro viram várias amostras de solo onde bactérias extremamente longas eram pareadas com a presença de nitrogênio, e bactérias extremamente curtas eram pareadas com a ausência de nitrogênio. Após verem várias dessas combinações, os participantes provavelmente desenvolveram a crença de que as bactérias longas eram as responsáveis pela presença de nitrogênio no solo. Isso deve ter-lhes parecido algo bastante óbvio.

Então adicionamos algo novo. Quando os participantes começaram a acreditar que as bactérias longas eram as responsáveis pela presença de nitrogênio – metade deles, que consideraremos como membros do Grupo A, viram amostras de solo em que bactérias tinham um comprimento médio e foram pareadas com uma imagem que indicava a presença de nitrogênio. Essas bactérias médias tinham exatamente o tamanho intermediário entre as bactérias longas e curtas. Ou seja, quem estivesse classificando o comprimento das bactérias como longas ou curtas, essas médias eram ambíguas, nem longas nem curtas. Tinham um tamanho médio.

Ao final do experimento, o Grupo A tinha visto um total de sessenta *slides*, misturando bactérias longas combinadas com solo contendo nitrogênio, bactérias curtas ao lado de solo sem nitrogênio e bactérias de tamanho médio combinadas com solo contendo nitrogênio. Em seguida, os participantes precisaram responder à seguinte pergunta: Quantas lâminas mostraram bactérias longas combinadas com amostras que continham nitrogênio? Das sessenta amostras, apenas vinte mostravam claramente as bactérias longas, aquelas que iam do topo até a parte inferior da tela, e essas sempre estavam combinadas com solo que continha nitrogênio. Mas em média, os participantes relataram ter visto cerca de 28 *slides* de bactérias longas combinadas com amostras com presença de nitrogênio. Isso ocorreu porque eles desenvolveram a hipótese de que as bactérias longas tendem a causar produção de nitrogênio, de modo que sempre que viam uma lâmina com nitrogênio no solo, interpretavam as bactérias como sendo longas, mesmo que às vezes estivessem vendo as bactérias do tamanho médio, que eram ambíguas.

A outra metade dos participantes do mesmo experimento, do Grupo B, viu uma sequência muito similar, começando com imagens de bactérias longas (com a presença de nitrogênio) e bactérias curtas (sem a presença de nitrogênio). Mas dessa vez, as bactérias médias que foram mostradas nos *slides* posteriores foram associadas à ausência de nitrogênio. Quando questionados sobre a quantidade de *slides* que exibiam bactérias curtas associadas à ausência de nitrogênio, eles estimaram em média 29 *slides*. A resposta correta seria de vinte *slides*.

Em outras palavras, ambos os grupos de participantes viram bactérias de tamanho médio idênticas na segunda parte do experimento, mas o Grupo A as viu como "longas" e o Grupo B as viu como "curtas" porque ambos os grupos passaram a acreditar que bactérias longas causam a presença de nitrogênio. Dada essa crença inicial, interpretaram as bactérias ambíguas que acompanhavam uma lâmina de solo rico em nitrogênio como longas e as bactérias ambíguas ao lado do solo sem nitrogênio como curtas. Tenho absoluta certeza de que nenhum dos nossos participantes tinha nenhum interesse particular nessa crença. Eles não ganhariam dinheiro ou obteriam qualquer outra vantagem se vissem mais bactérias longas ou curtas. Além disso, eles não precisavam levar em conta as bactérias de tamanho médio. Poderiam tê-las ignorado, porque eram ambíguas. Mas as classificaram espontaneamente como "longas" ou "curtas" porque isso se encaixava em sua visão de processamento de cima para baixo.

Os participantes não apenas classificaram as bactérias de uma determinada forma, mas também começaram a vê-las dessa forma. No final do experimento, apresentamos aos participantes imagens das três bactérias e perguntamos com qual bactéria, longa ou curta, a bactéria média se parecia mais? A maior parte dos membros do Grupo A disse que a bactéria média se parecia mais com a longa, enquanto maior parte dos membros do Grupo B disse que se parecia mais com a curta.

O processamento de cima para baixo ocorre de maneira espontânea e automática, independentemente de estarmos motivados a usá-lo ou não. Precisamos dele para dar sentido ao mundo, pois ele coloca as informações que chegam a nós pelos sentidos em uma estrutura coerente, permitindo-nos prever e controlar nosso ambiente. Sem o processamento de cima para baixo, ficaríamos completamente perdidos e nossa vida seria caótica.

Considere uma percepção visual muito básica, como o que estou vendo passivamente agora enquanto digito essa frase, que é meu cachorro saindo de sua cama. As características físicas de tudo em meu campo visual – forma, cor, contornos, linhas, aparência – estão constantemente mudando. Mas eu vejo um único objeto (meu cachorro) saindo de outro objeto único (a cama) e pisando no chão, em vez de ver tanto a cama do cachorro quanto o chão se transformando em diferentes formas e cores. Agora imagine que o observador não seja eu, mas um robô que é perfeitamente capaz de processar sinais físicos usando uma câmera de alta tecnologia. Mas imagine também que esse robô não tem os conceitos de cachorro ou cama, nem os princípios básicos da percepção. Ele não sabe que partes que se movem juntas podem pertencer a um único objeto. Além disso, ele não compreende noções mais abstratas, como animação: ele vê todos os objetos inanimados como capazes de se tornarem animados e pensa que gráficos de computador existem no mundo natural. Dadas todas essas limitações, o robô não entenderia a cena do mesmo modo que eu. Sem o processamento de cima para baixo, seríamos como esse robô, incapazes de distinguir nossos cachorros de suas camas e constantemente esperando que eletrodomésticos e móveis ganhassem vida.

O QUE DEVEMOS FAZER?

O problema nesse caso é que o processamento de cima para baixo também é responsável por interpretações tendenciosas, que podem causar vieses de confirmação e preconceitos. Os resultados desses vieses geralmente são catastróficos, mas o próprio processo depende das capacidades que usamos o tempo todo para dar sentido ao mundo. Em outras palavras, não podemos facilmente interromper o processo que nos causa problemas, pois também precisamos dele. Entender que interpretações tendenciosas são inevitáveis é um bom começo para descobrir o que fazer para combater os riscos inerentes a elas.

Os vieses de pensamento são ainda mais difíceis de superar quando acreditamos que não os cometemos e que eles afetam apenas pessoas pouco inteligentes. Uma vez que percebemos que as interpretações enviesadas são parte do processamento de cima para baixo, podemos admitir que todos somos capazes de cometer vieses ao interpretar o mundo, mesmo quando buscamos estar abertos a pensamentos que não sejam determinados por uma doutrina específica e não estamos sendo influenciados por uma seita estranha. Com isso em mente, da próxima vez que uma criança de 4 anos lhe disser que um semáforo amarelo é laranja, tente manter a mente aberta para interpretar a informação a partir de uma nova perspectiva.

Mas infelizmente, resolver os problemas da vida nem sempre é tão fácil quanto prestar mais atenção à cor de um semáforo: não há uma solução simples quando temos crenças incorretas sobre nós mesmos, como quando acreditamos que somos perdedores ou que não há esperança para nosso futuro, quando na verdade nada disso é real. Vamos continuar com esse exemplo. Todos têm dúvidas sobre si mesmos em algum momento, e algumas pessoas têm mais dificuldade para se livrar delas, a ponto de a dúvida se tornar parte do seu autoconceito. Quando isso ocorre, essas pessoas passam a interpretar tudo o que acontece com base nessa falsa crença, o que a reforça ainda mais. Como resultado, torna-se praticamente impossível para elas se libertarem dessas dúvidas sozinhas.

Na psicologia clínica há uma técnica conhecida como terapia cognitivo-comportamental, que é especificamente projetada para corrigir estilos de pensamento negativos profundamente arraigados. Pode parecer estranho para alguns ter de aprender maneiras de pensar melhor (e até mesmo ter de pagar por isso se o plano de saúde não cobrir), mas o fato é que precisamos disso. Veja esse exemplo que ajuda a entender melhor essa questão: em um restaurante *self-service*, não colocamos qualquer comida em nossa boca como o Pac-Man, engolindo tudo que aparece à nossa frente. Escolhemos com cuidado quais alimentos queremos comer e quais não queremos. Da mesma maneira, há sempre muitos pensamentos passando por nossa mente e precisamos selecionar com cuidado a quais deles devemos prestar atenção e quais deles devemos deixar de lado. Se alguém cultivou o mau hábito de se entregar a pensamentos negativos, essa pessoa precisará de ajuda para abandonar o hábito, do mesmo modo que precisamos de um instrutor de yoga ou de um *personal trainer* na academia para nos ensinar técnicas de exercício e nos incentivar a usá-las consistentemente. A terapia cognitivo-comportamental tem se mostrado altamente eficaz, mas assim como ficar em forma com a ajuda de um *personal trainer* ou de um instrutor de yoga, não há mágica que resolva a questão em uma única sessão; leva semanas ou meses de terapia, e também é necessário praticar de maneira constante as habilidades na vida cotidiana – outro exemplo de quão desafiador é lutar contra nossas interpretações tendenciosas.

Agora vamos mudar de direção. O que fazer quando ficamos incomodados ou irritados com as interpretações tendenciosas de outra pessoa? De novo, compreender que tais vieses são em parte cognitivos pode nos ajudar a ser mais tolerantes com aqueles que veem as coisas de modo diferente. Ou seja, nem sempre essas pessoas querem nos prejudicar, elas podem simplesmente estar vendo a situação de outra perspectiva. Não precisamos nos defender o tempo todo. Às vezes, é mais fácil resolver o problema causado por perspectivas diferentes do que tentar mudar a maneira como enxergamos a situação.

Por exemplo, digamos que o Sr. Green seja obcecado em manter seu gramado liso, bem cuidado, verde e podado, enquanto seu vizinho, o Sr. Brown, acredita que gramados bem cuidados são nocivos ao meio ambiente, pois desperdiçam água e exigem o uso de produtos químicos perigosos. O que o Sr. Green vê no jardim do Sr. Brown são ervas daninhas feias, repugnantes e invasivas, mas o que o Sr. Brown vê é uma bela e resistente variedade de flores selvagens indígenas. Quando um conflito semelhante ocorreu em *O Grande Gatsby*, Gatsby enviou seus próprios jardineiros para cuidar do gramado do vizinho. No entanto, mesmo que o Sr. Green pudesse pagar por isso, essa solução não funcionaria devido aos princípios filosóficos do Sr. Brown. Em vez de discutir se gramados bem cuidados são sustentáveis ou não, o Sr. Green poderia simplesmente plantar uma cerca viva para bloquear sua visão do jardim do Sr. Brown e redirecionar sua obsessão para mantê-la bem aparada.

Mas como vimos anteriormente neste capítulo, os danos causados por interpretações enviesadas vão muito além de incômodos visuais no seu bairro. Preconceitos contra certos grupos podem facilmente se tornar questões de vida ou morte. O que devemos fazer quando outras pessoas têm visões moralmente repugnantes para nós? Todos sabemos o quão desafiador é mudar a visão de mundo de alguém. Muitos de nós aprendemos a não falar sobre política durante a noite de Natal se quisermos ver de novo alguns de nossos familiares.

É por isso que às vezes precisamos de políticas e normas em nível sistêmico. Por exemplo, é muito difícil convencer alguém a tomar uma vacina contra a Covid-19 se essa pessoa acredita que as vacinas são prejudiciais. Uma amiga de uma amiga tem Ph.D. em biologia e uma teoria elaborada, mas completamente falsa sobre como as vacinas de mRNA contra a Covid-19 danificam de modo permanente nossos genes. Mesmo assim, sua filha acabou sendo vacinada porque a faculdade exigia o comprovante de vacinação para que ela pudesse retornar às aulas na universidade. Isso é um exemplo de como uma mudança a nível sistêmico pode proteger a saúde pública, mesmo quando as opiniões das pessoas são amplamente divergentes. Do mesmo modo, uma lei promulgada em 1972, a Lei de Oportunidade de Emprego Igual (Equal Employment Opportunity Act), que aborda a discriminação com base em raça, religião, cor, sexo ou nacionalidade, é outra abordagem em nível sistêmico. É claro que devemos continuar educando as pessoas para combater seus preconceitos. Precisamos reduzir falsas crenças das pessoas o máximo que pudermos. No entanto, interpretações enviesadas baseadas em crenças sobre saúde, valores intrínsecos e segurança estão enraizadas em nós e muitas vezes são imutáveis. Além disso, muitos desses preconceitos têm origens sistêmicas, causadas por nossa história, cultura, economia e política. Mudanças em nível sistêmico também carregam seus próprios desafios. Um deles é o problema recursivo de que essas decisões devem ser tomadas por pessoas que também são suscetíveis a interpretações tendenciosas.

Mas a única maneira de contra-atacar um sistema é com outro sistema, um sistema que deve ser explícita, equitativa e intencionalmente projetado para proteger o bem maior.

7

OS PERIGOS DA TOMADA DE PERSPECTIVA

*Por Que os Outros Nem Sempre Entendem
Aquilo Que é Óbvio para Nós?*

Meu marido e eu uma vez participamos de um jantar com outros dois casais. Nossos anfitriões são famosos em nosso círculo por criar jogos inteligentes para entretenimento. Naquela noite, eles nos apresentaram a um jogo de degustação de vinhos. Cada casal recebeu quatro taças, rotuladas como A, B, C e D, que foram preenchidas com diferentes variedades de vinho tinto. Um componente de cada casal foi instruído a provar os vinhos e anotar as características de cada um deles em quatro cartões. Eles deveriam anotar somente as características de cada vinho, sem indicar a qual deles estava se referindo: A, B, C ou D. Em seguida, seu parceiro também provava os vinhos e tentava combiná-los com as descrições anotadas por seu companheiro.

Um dos casais era composto por ávidos conhecedores de vinho. Eles têm uma grande adega e costumam viajar para conhecer vinícolas ao redor do mundo. O marido provou os vinhos e os descreveu usando uma linguagem técnica familiar aos especialistas na bebida: de corpo médio, com notas de carvalho, austero, com sabor amanteigado, herbáceo. Foi intimidador quando sua esposa leu as descrições em voz alta. No entanto, ainda assim, ela só foi capaz de acertar uma descrição. Era um jogo difícil.

Os componentes do segundo casal eram ambos professores de inglês, e o marido compôs um pequeno poema para cada vinho. Ele comparou um deles ao vale que viam da casa de campo onde se hospedaram para comemorar um de seus aniversários de casamento, e outro à alegria que compartilharam ao superar uma provação. A maneira com que ele conseguia escrever rapidamente poemas tão esplêndidos era de cair o queixo, e sua esposa os lia em voz alta com uma bela entonação. Todos nós ficamos impressionados, mas eles não conseguiram acertar nenhuma combinação.

Meu marido e eu estávamos casados há cerca de quinze anos na época, e ambos somos professores de psicologia. As pessoas costumam nos perguntar se conseguimos ler a mente de outras pessoas e a resposta que damos a elas é não – e que se o nosso trabalho nos ensinou algo, é o quão exageradamente confiantes as pessoas são quando se trata de saber o que se passa em sua própria mente, que dirá na mente dos outros. Mas meu marido me conhece muito bem, e uma coisa de que ele tem certeza é que eu não entendo nada de vinhos. Tenho um gosto bem normal e fico tão feliz com um vinho branco barato de caixa quanto com um vinho *vintage* caro. E, pior ainda, eu nem gosto de vinho tinto.

Meu marido levou menos de um minuto para preencher os cartões. Eu sorri quando os li e combinei todos ele de maneira correta. O que ele havia escrito foi: "o mais doce", "segundo", "terceiro" e "o menos doce".

QUÃO MAL NOS COMUNICAMOS?

Estamos sempre nos comunicando com outras pessoas. Falamos ou escrevemos sobre nossas novas ideias ou sentimentos, e também ouvimos e lemos o que eles nos comunicam. Apesar de fazermos isso durante toda a vida, não percebemos como isso é difícil. Os outros casais naquela festa de jantar ficaram bastante frustrados depois do jogo de combinação dos vinhos, pois era inimaginável para eles que seus cônjuges não tivessem entendido suas descrições perfeitas. Os amantes de vinho reclamaram que tiveram um desempenho abaixo do esperado apenas porque os vinhos tintos não tiveram tempo suficiente para respirar. Infelizmente, as falhas na comunicação são mais comuns do que pensamos, mesmo entre pessoas que se conhecem. Vou mostrar primeiro dois estudos que demonstram de modo bastante claro como nossa comunicação é ruim.

Podemos começar com comunicações escritas, como e-mails ou mensagens de texto. Usamos mensagens de texto com nossos amigos e familiares para nos atualizarmos sobre o que está acontecendo, fazer perguntas ou brincar. Ao fazer isso, muitos de nós usam sarcasmo, como "fiquei muito triste por ter perdido essa reunião familiar" ou "meu chefe fez aquilo de novo". Quando enviamos frases sarcásticas por mensagem de texto, assumimos que o destinatário sabe que estamos sendo sarcásticos. Quando recebemos mensagens de texto, também partimos do princípio de que somos bons em detectar o sarcasmo. Mas será que isso é realmente verdadeiro?

Em um estudo, os participantes foram testados em suas habilidades para reconhecer o sarcasmo usando frases escritas por seus próprios amigos. O grupo foi dividido em pares. Uma pessoa foi instruída a enviar por e-mail para seu parceiro uma série de frases, algumas sarcásticas e outras sérias. Os remetentes estavam confiantes de que seus parceiros saberiam se suas mensagens eram sarcásticas ou não, afinal, eram amigos que conheciam seu senso de humor ou a falta dele. Os destinatários das mensagens também estavam muito confiantes em seus julgamentos. Mas quando as pontuações foram calculadas, a precisão foi de apenas 50%, não diferente da porcentagem de acertar se uma moeda dará cara ou coroa. É assustador pensar que metade das piadas sarcásticas que escrevemos nas redes sociais, enviamos por mensagem de texto ou por e-mail podem ter sido interpretadas como coisas sérias, e que metade de nossas declarações sérias podem ter sido interpretadas como sarcasmo.

Mas não se sinta mal por isso, você não precisa se preocupar com todas as coisas sarcásticas que já disse na vida, porque o resultado desse estudo surgiu apenas quando as mensagens foram transmitidas na forma escrita. Quando frases sarcásticas ou sérias semelhantes foram enviadas por mensagens de voz, as pessoas entenderam o sentido delas. Isso acontece porque há um tom sarcástico muito reconhecível na fala das pessoas, com sílabas ligeiramente alongadas e uma entonação mais alta, e a maioria das pessoas reconhece o que esse tom indica.

Ainda assim, você ainda pode surtar um pouco com esse resultado. Outro estudo descobriu que falhas de comunicação podem ocorrer em muitos casos, mesmo quando estamos usando a voz e tentando adequar nosso tom à intenção. Esse estudo utilizou frases ambíguas que frequentemente surgem em conversas cotidianas, como "Você gostou da minha nova roupa?". Quando sua parceira ou amiga faz essa pergunta, pode ser que ela esteja preocupada com uma roupa que não está caindo bem nela, mas também pode ser porque acha que a roupa está perfeita e quer um elogio, ou pode ser ainda que ela esteja chateada porque você nem notou a bela roupa que está vestindo. Na verdade, existem muitas expressões que usamos que são bastante ambíguas quando você para para pensar sobre elas, como "Por favor, me deixe em paz". Isso pode significar "Estou ocupado" ou "Não me chateie!". Uma pergunta tão simples quanto "Como está a salada?" pode significar "A salada está horrível?" ou "Por que você não está elogiando a salada que eu fiz?". Ou, você pode estar literalmente perguntando quão boa ou ruim a salada está.

E ao contrário do sarcasmo, não há uma entonação estabelecida para cada uma dessas possibilidades.

No estudo, uma pessoa de cada dupla de participantes recebeu várias frases como as mencionadas acima e foi instruída a transmitir um certo significado ao ouvinte ao dizê-las em voz alta. Os ouvintes tinham de adivinhar, para cada frase, qual das quatro possíveis interpretações o falante pretendia. O ouvinte era ou um estranho que o falante tinha acabado de conhecer no laboratório, ou um conhecido próximo, como um amigo ou cônjuge. Quando eram cônjuges, os casais tinham em média 14,4 anos de casamento.

Como no estudo sobre sarcasmo, os participantes que enviaram o áudio estavam confiantes de que os ouvintes tinham entendido o que eles pretendiam transmitir. E não é de admirar que ficaram ainda mais confiantes quando os ouvintes eram seus amigos ou cônjuges. Mas não houve absolutamente nenhuma diferença entre o percentual de acerto entre conhecidos ou não conhecidos em entender a mensagem pretendida. Em média, os ouvintes adivinharam corretamente o significado pretendido de menos da metade das frases. Ou seja, mesmo após quatorze anos de casamento, seu cônjuge pode entender de maneira errônea seu tom de voz e, consequentemente, o significado de suas frases potencialmente ambíguas em até 50%.

A MALDIÇÃO DO CONHECIMENTO

É obvio que ninguém quer se comunicar mal com seus amigos e familiares. Ninguém quer ser mal-entendido. Então, por que isso acontece? Sempre que percebemos algo, interpretamos isso à luz do que já sabemos (como foi discutido no Capítulo 6). Porque fazemos isso de maneira automática e inconsciente, podemos acreditar que todos os outros, inclusive pessoas que não sabem o que sabemos, veriam a situação de maneira semelhante à nossa.

Estudos que demonstram esse viés egocêntrico têm sido realizados com crianças pequenas. O teste clássico é o seguinte:

> Sally tem uma bola de gude. Ela coloca a bola de gude em sua cestinha. Sally sai para dar uma volta.
>
> Anne tira a bola de gude da cestinha e a coloca dentro da caixa que está ao lado da cesta.
>
> Agora Sally volta e quer brincar com sua bola de gude.
>
> Onde Sally vai procurar sua bola de gude?

A resposta correta, obviamente, é dentro da cesta, não na caixa. Mas a maioria das crianças com menos de 4 anos responde que procuraria pela bolinha na caixa, porque sabem que é lá que ela está. Elas têm dificuldade para entender que os outros possam ter crenças falsas e diferentes da realidade que elas conhecem. Se você já ouviu falar em "teoria da mente", é disso que se trata: raciocinar sobre o que está na mente das outras pessoas.

Pelo fato de o erro na resposta das crianças ser tão óbvio, talvez você acredite que os adultos não cometeriam o mesmo erro, mas um estudo descobriu que até mesmo estudantes universitários têm dificuldades semelhantes. Os participantes da pesquisa tomaram conhecimento de uma garota chamada Vicki. Ela estava praticando violino em uma sala com quatro estojos de cores diferentes. Quando Vicki terminou de praticar, colocou o violino no estojo azul e saiu da sala. Enquanto Vicki estava fora, Denise entrou na sala e colocou o violino em outro estojo. Nesse ponto, metade dos participantes são informados de que o estojo em que Denise colocou o violino era o vermelho (chamaremos esses participantes de grupo do conhecimento), enquanto a outra metade não é informada sobre o estojo que Denise escolheu (este será o grupo não ciente). Em seguida, os participantes de ambos os grupos são informados de que Denise rearranjou os estojos de modo que o vermelho ficou onde o azul costumava estar. Por fim, eles são questionados em qual dos estojos Vicki vai procurar o violino ao voltar para a sala, indicando a probabilidade de cada um deles. A resposta correta é obviamente que ela procuraria no estojo azul. No entanto, os participantes do grupo do conhecimento – aqueles que sabiam que o violino estava no estojo vermelho – não conseguiram ignorar por completo essa informação. Eles classificaram a probabilidade de Vicki procurar o violino no estojo vermelho mais alta do que aqueles do grupo que não tinham ciência da ação de Denise. Esse é o dilema do conhecimento: uma vez que você sabe algo, tem dificuldade em adotar plenamente a perspectiva de alguém que não sabe, até mesmo um adulto.

Aqueles que já jogaram o jogo de tabuleiro Imagem & Ação devem ter vivenciado a maldição do conhecimento. Nesse jogo, uma pessoa sorteia um cartão que tem uma frase ou palavra, faz um desenho que a represente e os outros membros da equipe tentam adivinhar o que está escrito na carta com base no desenho. Digamos que o desenho inclua o rosto de uma pessoa com cabelos longos. Tudo indica ser uma mulher, pois o jogador inclui seios no desenho. Ao lado dela, há quatro pessoas menores, também com cabelos longos e seios. Que diabos é essa imagem? Quando o tempo acaba e ninguém acerta o que estava descrito no desenho, a pessoa que desenhou experimenta a maldição do conhecimento, gritando com os colegas de equipe: "Como vocês não perceberam, é tão óbvio! É *Adoráveis Mulheres*, são quatro filhas com a mãe".

Na rodada seguinte, uma pessoa afirmando ser uma ótima desenhista, tira um cartão e desenha a face de um leão. Um membro da equipe grita "leão", mas essa não é a resposta certa. Outros membros da equipe pedem à desenhista para adicionar algo ao desenho.

Mas ela continua apontando para o rosto muito bem desenhado do leão, como se estivesse dizendo que não precisa de mais nada além daquilo. Outra pessoa arrisca "juba!". Não, também não é a resposta certa. A desenhista aponta mais uma vez para o desenho com tanta força que chega a rasgar o papel. Mas ninguém acerta. E esse é o tamanho da frustração de alguém que vivencia a maldição do conhecimento (a propósito, a resposta correta seria *As Crônicas de Nárnia*).

Claro, Imagem & Ação é um jogo projetado para ser desafiador; além disso, nem todos são bons desenhistas. Aqui está um estudo famoso que quase não requer habilidades. Na verdade, os leitores podem tentar isso em casa ou onde quer que estejam, se puderem encontrar alguém que tenha dois minutos sobrando. O participante escolhe uma música que seu parceiro também conheça. Vamos supor que Mary seja uma das participantes e ela escolha "O sapo não lava o pé". Mary batuca o ritmo da canção sem cantá-la e seu parceiro precisa adivinhar qual é a música.

Os leitores podem batucar a música que quiserem agora. Parece que quase todo mundo vai conseguir adivinhar, certo? No estudo real, aqueles que batucaram estimaram que cerca de 50% dos ouvintes seriam capazes de adivinhar a música que estavam tamborilando. Mas será que 50% dos ouvintes acertaram? Bem, só parece fácil porque quem batucava sabe a música que está tocando. No estudo, 120 músicas foram batucadas e apenas três pessoas conseguiram descobrir qual era a canção. Quem batucava tinha a ilusão de que qualquer pessoa poderia adivinhar sua música, simplesmente porque a resposta estava tocando na mente dela.

Se o seu parceiro tiver mais dois minutos disponíveis, peça a ele que escolha uma música para batucar para você, para que possa experimentar a sensação de estar do outro lado. Quando fazemos esse exercício durante minhas aulas, uma das respostas erradas mais comuns é "We Will Rock You", do Queen, porque ela começa com batidas, sem nenhuma melodia. Até mesmo "Parabéns a Você" pode soar como *rock* pesado.

A maldição do conhecimento nos torna excessivamente confiantes na mensagem que estamos transmitindo. Por exemplo, a pessoa que que está batucando pode cometer um pequeno erro, que pode confundir o ouvinte. Mas talvez ele não acredite que é algo importante, já que acabou de batucar a mesma frase há apenas sete segundos. Mais uma vez, quem batuca a música parte do princípio de que o ouvinte é capaz de ouvir a música que está tocando na sua cabeça, assim como o desenhista no jogo Imagem & Ação, que está vendo uma imagem mental da capa do livro *As Crônicas de Nárnia*, com a imagem de Aslan, e não consegue imaginar o que mais poderia adicionar ao seu desenho para deixá-lo mais claro.

O jogo de degustação de vinhos que iniciou este capítulo também ilustra a maldição do conhecimento. A vantagem que meu marido e eu tínhamos era a nossa falta de confiança. Meu marido, que claramente sabia como eu era pouco sofisticada – OK, ignorante – em relação a vinhos, não teve escolha senão usar o que poderíamos chamar de vocabulário de vinhos para iniciantes. O que acabou se mostrando a melhor estratégia..

De fato, pessoas inteligentes que sabem muito não são necessariamente bons professores ou treinadores, e isso ocorre em parte devido à maldição do conhecimento. Já ouvi reclamações de estudantes universitários sobre um curso ministrado por alguém laureado com um Prêmio Nobel – uma pessoa absolutamente brilhante, mas completamente incompreensível. Uma das minhas ex-alunas teve aulas de violino com um maestro ganhador de vários prêmios Grammy. Quando perguntei se ele era um bom professor, ela respondeu, com diplomacia: "Para ele, é muito fácil tocar violino".

DESCONSIDERAMOS A OUTRA PERSPECTIVA

Muitas vezes, nossas falhas na comunicação ocorrem simplesmente porque desconsideramos a perspectiva da outra pessoa. Estou falando de casos verdadeiramente absurdos, em que já sabemos o que a outra pessoa sabe, pensa, vê ou gosta. Não estou me referindo aos tipos de situações que descrevi até aqui, em que a pessoa não poderia saber o que a outra estava pensando. Além disso, nos casos que vou apresentar, nossas ações dependem do que a outra pessoa tem em mente, e por isso temos de levar isso em consideração. Mas mesmo em casos assim, podemos esquecer de pensar na perspectiva da outra pessoa.

Um exemplo desse fenômeno é o paradoxo do sinal de *status*. Participantes de um estudo foram instruídos a pensar sobre o seguinte cenário:

> Imagine que você acabou de se mudar para Denver e está saindo para uma atividade social, vai a um bar no centro da cidade, você está querendo conhecer pessoas e fazer novos amigos. Enquanto se arruma, tenta decidir qual dos seus dois relógios deve usar. Um é um relógio bonito e caro e o outro é um relógio genérico e barato. Ambos combinam com a sua roupa. Até que ponto as pessoas se sentiriam mais atraídas para se tornarem suas amigas se você usasse o relógio de caro? E qual seria o efeito de atração do relógio genérico?

Se você escolheu o relógio caro, sua opção foi a mesma das pessoas que participaram do estudo. Os resultados são os mesmos em relação a usar uma camiseta da Saks Fifth Avenue em comparação com uma do Walmart, uma BMW em comparação com um VW

Golf, ou uma jaqueta Canada Goose em comparação com uma da Columbia. Assim como os pavões exibem suas penas iridescentes, os seres humanos desejam sinalizar seu alto *status* para outras pessoas exibindo itens de luxo, como uma bolsa com o logotipo da Prada, um Rolex com sua icônica coroa, ou uma Ferrari vermelha brilhante com portas de asa de gaivota.

Mas aconteceu algo paradoxal com outro grupo de participantes que haviam sido recrutados da mesma comunidade (portanto, ao que tudo indica, tinham gostos e valores semelhantes ao primeiro grupo). Essas pessoas foram selecionadas aleatoriamente para responderem à mesma questão, mas de modo inverso, ou seja, foram questionadas sobre o tipo de pessoa pela qual se sentiriam mais atraídos para fazer uma nova amizade. As respostas foram diametralmente opostas: elas prefeririam criar laços de amizade com alguém que usasse um relógio genérico em vez de um Rolex, uma camiseta da Walmart em vez de uma da Saks Fifth Avenue ou alguém que dirigisse um VW Golf em vez de uma BMW.

Quando estamos escolhendo o que vestir para parecermos interessantes para potenciais amigos, podemos ficar presos na perspectiva egocêntrica de querer sinalizar nosso alto padrão e fazer escolhas erradas. Como nos sentiríamos se um novo amigo em potencial aparecesse em um bar usando um relógio Tag Heuer ou uma camiseta preta com a palavra "Gucci" impressa em dourado? Se pararmos por um instante e adotarmos a perspectiva oposta saberemos qual relógio escolher. Mesmo quando estamos tentando impressionar alguém – ou talvez *especialmente* quando estamos tentando impressionar alguém – não podemos esquecer de considerar a perspectiva da outra pessoa.

O estudo a seguir também mostra como as pessoas esquecem de levar em consideração a perspectiva dos outros, mesmo quando deveriam ser capazes de fazê-lo e sugere que a cultura do lugar em que você nasceu também pode influenciar. Os participantes desse estudo eram estudantes da Universidade de Chicago e foram informados de que iriam jogar um jogo de comunicação. Cada um estava sentado em frente a um "diretor", que era um dos responsáveis pelo estudo. Entre eles havia uma estrutura de madeira quadrada com 50 centímetros de lado e 13 centímetros de profundidade. Dentro dessa estrutura havia quatro linhas na vertical e quatro na horizontal, divididas de maneira uniforme, como mostrado na figura. Alguns desses dezesseis espaços internos continham objetos pequenos, como uma maçã, uma caneca ou um bloco. A tarefa do participante era mover os objetos entre as células, seguindo as instruções do diretor, que poderia, por exemplo, dizer: "Mova a garrafa uma posição à sua esquerda", e o participante procuraria a garrafa, a pegaria e a moveria para a esquerda. Tanto o participante quanto o diretor podiam ver essas ações, e a única tarefa do participante era seguir as instruções do diretor.

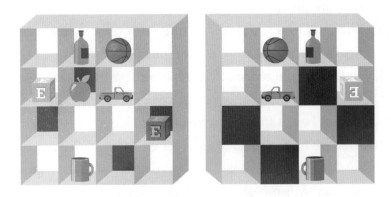

Observação: A ilustração da esquerda apresenta a perspectiva do participante e a da direita apresenta a perspectiva do diretor.

Após alguns exercícios para treinar, o diretor diz: "Mova o bloco uma posição para cima". Havia apenas uma garrafa e uma maçã, então nesses casos não era preciso fazer uma escolha. Mas havia dois blocos, como mostrado no lado esquerdo da ilustração. Mas um deles – o que está na terceira fileira de cima para baixo – estava oculto para o diretor (como mostrado no lado direito da ilustração). Os participantes podiam ver claramente que o cubo estava oculto para o diretor, e eles até mesmo haviam ficado na posição do diretor durante uma das rodadas de preparo, então sabiam como era estar do outro lado da estrutura. Dadas essas informações, o participante deveria ter sido capaz de imediatamente identificar a qual dos blocos o diretor estava se referindo – o que está na segunda fileira de cima para baixo, pois é o único que o diretor era capaz de ver.

Os pesquisadores mediram quanto tempo os participantes levaram para completar as tarefas em cada rodada. Em seguida, compararam o tempo de reação quando o bloco em questão (o bloco no cubo oculto) era citado em relação ao tempo de reação na rodada em que não havia bloco oculto. Embora a resposta parecesse óbvia, os participantes levaram 130% a mais de tempo para mover o bloco correto do que nas rodadas em que não havia bloco oculto. Além disso, quase dois terços deles perguntaram, sem hesitar: "Qual bloco?" – em alguns casos, perguntaram mais de uma vez. Algumas pessoas estavam tão alheias à perspectiva da outra pessoa que chegaram a mover o bloco que estava oculto para o diretor.

Curiosamente, essa confusão ocorreu apenas com falantes nativos de inglês. Os pesquisadores também testaram estudantes da Universidade de Chicago que nasceram e foram criados na China continental e estavam nos Estados Unidos há menos de dez meses. Quando esses participantes chineses foram apresentados à mesma tarefa em mandarim, seus tempos de reação foram idênticos, independentemente se havia um segundo bloco. Em outras palavras, eles ignoraram por completo os objetos que estavam ocultos da perspectiva do diretor e agiram como se estivessem vendo exatamente o que o diretor estava vendo. Apenas um participante chinês perguntou

"Qual bloco?", e eu suponho que ele tenha ficado bastante envergonhado quando percebeu o que havia perguntado.

A razão para essa diferença cultural faz sentido para aqueles que compreendem a diferença entre sociedades coletivistas e individualistas. Algumas culturas, incluindo a Coreia do Sul, Japão, Índia e China, são conhecidas como coletivistas. Pessoas que nascem nessas culturas desenvolvem um forte senso de pertencimento e são regularmente lembradas de suas obrigações ou responsabilidades com o grupo. Há uma atenção constante às normas sociais.

Para compreender melhor, considere o seguinte exemplo: a simples tarefa de fazer pedidos em um restaurante. Nos Estados Unidos, cada pessoa faz o seu pedido individualmente, e há uma tendência de evitar pedir o mesmo prato que uma outra pessoa já tenha pedido. Se a primeira pessoa escolher um prato que a segunda estava pensando em pedir, ela costuma dizer: "Ah, se você vai pedir isso, então eu vou pedir outra coisa". Se realmente quiser o mesmo prato, talvez sinta necessidade de se desculpar por não ser original. Na Coreia e na China, o padrão é compartilhar os pratos principais. Mesmo que as pessoas estejam pedindo pratos individuais para uma refeição cotidiana, como o almoço, quando uma pessoa idosa ou alguém de maior hierarquia faz seu pedido, os outros tendem a pedir a mesma coisa.

A lealdade e conformidade ao grupo são valorizadas em culturas coletivistas a ponto de em algumas ocasiões sacrificar a privacidade e os direitos individuais. Durante a pandemia, quase todos os sul-coreanos seguiram as ordens do governo de usar máscaras e fechar seus negócios. Um líder de um grupo religioso que realizou encontros internos e causou um surto teve de se prostrar no chão em rede nacional de televisão e implorar por perdão. Um sistema de registro de entrada baseado em QR Codes foi obrigatório em lojas, restaurantes, casas noturnas, salas de karaokê e outras áreas de alto risco. Quando eram detectados grupos com resultados positivos para Covid-19, os visitantes desses locais eram notificados de que precisavam fazer testes de Covid-19. Esse nível de conformidade social seria inimaginável em uma sociedade individualista como os Estados Unidos.

Para se adaptar a essas sociedades coletivistas, seus membros têm de estar constantemente cientes do que os outros estão pensando e de como os outros pensam sobre si mesmos. A socialização necessária para se conformar a essas normas começa desde muito cedo. Talvez como resultado desse treinamento constante em ler a mente dos outros, os membros de sociedades coletivistas se tornam tão proficientes em assumir a perspectiva dos outros que isso se torna quase algo automático.

O QUE FUNCIONA

Como entender melhor o que os outros pensam, planejam fazer, sentem e no que acreditam? O fato de pessoas que cresceram em culturas coletivistas terem mais habilidade nesse tipo de entendimento significa que esses saberes podem ser ensinados e aprendidos. No entanto, não podemos nos mudar para uma sociedade coletivista ou enviar nossos filhos para viver em uma delas por vários anos para que aprimorem a capacidade de compreender os pensamentos e sentimentos dos outros. E, como alguns leitores podem suspeitar, a hipersensibilidade em relação ao que os outros podem estar pensando também tem seus aspectos negativos. Para quem vive sob valores de sociedades individualistas, a pressão tácita exercida sobre as pessoas em sociedades coletivistas para que peçam o mesmo prato que os outros em um restaurante pode parecer estranha, se não absurda. Ter constantemente nossa localização conhecida por outras pessoas, ainda que durante uma emergência de saúde pública, pode soar como o enredo de *1984*, de George Orwell. Também há relatos que sugerem que o excesso de consciência a respeito das opiniões dos outros pode levar a sérios problemas de saúde mental; no mínimo, pode nos deixar mais vulneráveis ao *bullying*, seja no mundo real ou no virtual. Parece claro que não devemos ir longe demais ao tentar entender o que os outros pensam. Ainda assim, precisamos garantir o nível essencial e fundamental de compreensão do que os outros estão pensando para sermos capazes de realizar as interações sociais normais.

Vamos começar com algumas soluções para crianças pequenas. Lembre-se das dificuldades que crianças entre 2 e 3 anos têm para entender que outras pessoas podem ter crenças falsas, crenças que sejam diferentes da realidade que elas já conhecem. Um estudo descobriu que crianças nessa faixa etária podem aprender a entender crenças falsas em poucas semanas. Esse estudo foi realizado para ajudá-las a aprender a mentir. Note que, para mentir, é preciso compreender que, mesmo que saibamos qual é a verdade, outras pessoas podem não saber. Como as crianças de 2 a 3 anos não entendem bem essa ideia, elas não conseguem mentir.

No estudo, crianças de 3 anos primeiro aprenderam um jogo em que o pesquisador escondia uma bala sob uma de duas xícaras. Se a criança adivinhasse sob qual xícara estava escondida a guloseima, poderia comê-la. Em seguida, a criança era instruída a esconder a bala, e o pesquisador tinha de adivinhar sob qual das xicaras ela estava. Depois que a criança havia escondido a bala, o pesquisador perguntava onde estava o doce. As crianças sabiam que poderiam ficar com a bala se o pesquisador errasse, mas quase sempre apontavam para a xícara correta, onde estava o doce. Apesar de terem acabado de esconder a bala, essas crianças de 3 anos acreditavam erroneamente que o pesquisador já sabia onde ela estava. Elas não conseguiam imaginar que alguém pudesse não saber de algo que elas já sabiam, então quase sempre diziam a verdade.

Após os pesquisadores usarem esse tipo de jogo para ter certeza de que as crianças participantes do estudo não eram capazes de mentir ao participar deles, elas receberam treinamento em seis sessões, ao longo de onze dias. O treinamento foi dividido em diferentes tarefas. Por exemplo, o pesquisador mostrava às crianças uma caixa de lápis e pedia para adivinharem o que havia dentro. As crianças diziam "lápis". Em seguida, o pesquisador abria a caixa e mostrava que ela continha algo diferente, como fitas. Em seguida, o pesquisador perguntava às crianças se elas a princípio achavam que a caixa contivesse fitas e se outras pessoas que não tivessem visto o conteúdo da caixa também achariam que ela continha fitas. Se as crianças não dessem as respostas corretas (ou seja, "não" e "não"), o que geralmente acontece nessa idade pelo fato de que elas ainda não têm compreensão de falsas crenças, eram corrigidas com *feedbacks* e a tarefa era repetida. Em outra parte do treinamento, as crianças ouviam histórias cheias de palavras relacionadas a estados mentais (como "gostar", "querer", "sentir") e eram convidadas a criar frases usando esse vocabulário de estados mentais. Quando as crianças no experimento terminaram o treinamento e foram testadas novamente na tarefa de "esconder o doce sob uma xícara", então conseguiram enganar o pesquisador em quase todas as tentativas!

É claro que não é bom ensinar crianças a mentir e trapacear, mas não era essa a intenção dos pesquisadores. As crianças simplesmente aprenderam a compreender os estados mentais de outras pessoas. Como os pesquisadores apontaram, saber mentir é, até certo ponto, uma habilidade social importante. Ficaríamos seriamente preocupados com a saúde mental ou com as habilidades sociais de um amigo que não compreendesse a lógica de uma festa surpresa e partisse do princípio de que o aniversariante deveria saber tudo sobre ela assim que seus amigos começassem a organizá-la, mesmo que ninguém lhe contasse a verdade. Uma festa de aniversário surpresa envolve algum nível de desonestidade, mas se torna possível justamente porque sabemos que os outros podem ter crenças diferentes das nossas.

Acima de tudo, o que as crianças obtiveram com o treinamento é o que chamamos de teoria cognitiva da mente, a compreensão de que outras pessoas podem entender o mundo de modo diferente do nosso. Mas para que tenhamos empatia ou compaixão pelos outros, também precisamos ter uma teoria emocional da mente: a compreensão de que as pessoas têm sentimentos diferentes e saber o que vão sentir sob diferentes circunstâncias.

Essa distinção entre a teoria cognitiva e emocional da mente é crucial para entender os psicopatas. Mentir e trapacear exige que entendamos a mente de outras pessoas e, no que se refere à teoria cognitiva da mente, os psicopatas são quase tão bons quanto os não psicopatas. Ou seja, eles têm habilidade de ler o que os outros pensam e prever como eles raciocinariam, o que lhes permite manipulá-los. No entanto, o que os psicopatas não possuem é a teoria emocional da mente. Eles são insensíveis, frios e impiedosos porque não percebem os sentimentos das outras pessoas.

A teoria emocional da mente – compreender os sentimentos dos outros e sentir compaixão por eles – também pode ser aprimorada ao pensarmos com carinho nas circunstâncias em que as outras pessoas se encontram. Vou ilustrar isso de maneira mais concreta com um estudo que exigiu que os participantes pensassem em refugiados sírios. Em 2016, havia 5,5 milhões de refugiados sírios, um quarto de todos os refugiados do mundo. Os participantes foram perguntados se estariam dispostos a escrever uma carta ao presidente – Barack Obama, na época em que o estudo foi realizado – e pedir a permissão de ingresso de refugiados sírios nos Estados Unidos. Apenas 23% dos democratas no estudo responderam que sim. Mas alguns dos participantes do estudo receberam instruções especiais adicionais antes de serem solicitados a escrever a carta; foram instruídos a se colocar no lugar de um desses refugiados: "Imagine que você é um refugiado fugindo da perseguição em um país em guerra. O que você levaria consigo em sua jornada, limitado apenas ao que é possível carregar sozinho? Para onde você fugiria? Ou ficaria em seu país natal? Qual seria o maior desafio para você em uma situação como essa?". A porcentagem de democratas desse grupo dispostos a escrever uma carta ao presidente foi 50% maior. Colocar-se vicariamente na situação de outra pessoa pode elevar o comportamento pró-social (esse efeito foi menos significativo entre os republicanos provavelmente porque eles tendem a ter posições anti-imigração, não porque colocar-se no lugar do outro não promova empatia entre os conservadores).

O QUE NÃO FUNCIONA

Até aqui, expliquei que é possível melhorar a compreensão da mente de outras pessoas em níveis cognitivos e emocionais. Mas há uma ressalva importante: o tipo de compreensão já abordado até este ponto é extremamente básico. No caso dos refugiados sírios, a situação é tão devastadora e atroz que quase todo ser humano poderia se solidarizar com eles. E qualquer criança com desenvolvimento normal aprende que os pensamentos de outras pessoas podem ser diferentes dos seus antes mesmo de começar a frequentar a pré-escola. Será que é possível ir além desse nível rudimentar e reconhecer o que os outros pensam ou sentem simplesmente tentando imaginar-se na situação em que se encontram?

Aparentemente poderíamos dizer que sim. Porque acreditamos ser possível, temos o costume de pedir um outro olhar a pessoas insensíveis às nossas necessidades: "Por que você não tenta enxergar isso sob o meu ponto de vista?". Quando somos atormentados por um chefe que exige demais de nós, perguntamos-nos como ele pode ter se esquecido de como era quando estava na nossa situação. Pedir um pouco de compreensão não é pedir demais! Mas nossa intuição nesse caso está errada, ou pelo menos não está sustentada por evidências. Uma equipe de três pesquisadores demonstrou, por meio de 24 experimentos, que nossa capacidade de entender o que os outros estão pensando ou sentindo não pode ser melhorada apenas pela tomada de perspectiva.

A propósito, esse é o maior número de experimentos que eu já vi relatados em um único artigo (foram 25 no total; vou falar sobre o último no final do capítulo). A razão para a necessidade de tantas repetições foi o fato de o objeto da pesquisa ser extremamente contraintuitivo. Além disso, se algum estudo específico não encontrasse efeito algum para a tomada de perspectiva, poderia ser por motivos relacionados à metodologia e não porque não houvesse efeitos de fato: talvez os participantes não tenham se esforçado o suficiente ou a tarefa tenha sido muito difícil. Talvez fosse simplesmente impossível entender a mente das outras pessoas naquele caso específico. Uma maneira sofisticada de dizer isso é afirmar que os estudos estão tentando provar um efeito nulo, e em ciências sociais, os efeitos nulos são notoriamente difíceis de demonstrar. Como analogia, suponha que sua mãe afirme que suas meias favoritas provavelmente foram parar no lixo porque ela procurou "em todos os lugares" – gavetas da cômoda, gavetas do móvel de cabeceira, debaixo da cama, no cesto de roupa suja. Mas seu pai pode dizer que isso não é "em todos os lugares" e pedir para ela verificar dentro da cômoda do seu irmão, nos bolsos do casaco dela, na cama do cachorro e entre os lençóis da cama. Mesmo depois de ter procurado em todos esses lugares, sua mãe ainda não pode afirmar que procurou "em todos os lugares". É fácil perceber que é muito mais difícil provar que as meias não estão na casa do que provar que estão. O mesmo acontece com a comprovação de efeitos nulos em experimentos.

A minha interpretação sobre esse estudo é que os autores tentaram quase tudo, usando inúmeras tarefas diferentes. Eles usaram a tarefa de crenças falsas, na qual os participantes devem ser capazes de se imaginar na posição de alguém que tem uma crença falsa sobre a realidade, mesmo que saibam qual é a realidade. Outro teste famoso que eles usaram é chamado de teste "Reading the Mind in the Eyes" [Lendo a Mente nos Olhos], originalmente desenvolvido para avaliar crianças com autismo. Um sujeito é apresentado a uma imagem de um par de olhos e deve escolher o rótulo emocional que melhor descreve aquele tipo de olhar (você pode facilmente encontrar esse teste na internet e fazê-lo gratuitamente; há um teste semelhante usado para medir a inteligência emocional). Eles testaram a habilidade das pessoas em detectar sorrisos falsos ou mentiras. Outras tarefas envolveram interações interpessoais mais realistas. Foi solicitado aos participantes que adivinhassem as preferências de seus parceiros entre atividades como jogar boliche ou lavar a louça ou que fizessem previsões sobre como seu parceiro reagiria a filmes como *Casino Royale* e *Legalmente Loira* ou a piadas que algumas pessoas poderiam achar ofensivas, mas outras achavam engraçadas (como "Qual é a diferença entre uma pilha e uma mulher?". Resposta: "Uma pilha tem um lado positivo". Ou "Por que os homens são como morangos?". Resposta: "Porque levam muito tempo para amadurecer e, quando amadurecem, a maioria está podre"), e a várias opiniões controversas (como "A polícia deve usar toda a força que for necessária para manter a lei e a ordem").

Todos esses 24 experimentos contaram com dois grupos de participantes: um grupo de controle, no qual os participantes tinham liberdade para usar qualquer estratégia para fazer suposições, e um grupo de perspectiva, que foi fortemente incentivado a adotar a perspectiva da outra pessoa, como a da pessoa cujos olhos são mostrados na imagem, ou a perspectiva de seu parceiro quando se tratava de adivinhar suas preferências, reações e opiniões. Ao final, os participantes deste segundo grupo relataram que haviam se tornado menos egocêntricos e acreditavam que sua capacidade de adotar outras perspectivas havia aumentado sua precisão na habilidade de adivinhar as preferências de outras pessoas. Mas sua precisão em todas essas tarefas não aumentou.

Até mesmo meu marido e eu, dois professores de psicologia, caímos nessa armadilha. Apresento os detalhes para o deleite dos leitores. Sou a principal cozinheira da casa e, como meu marido come fora com frequência por causa do trabalho, posso preparar minhas receitas favoritas, mas quando ele está em casa costumo fazer os pratos de que ele mais gosta. E como meus filhos nem sempre gostam dos pratos favoritos dele, muitas vezes tenho de cozinhar dois tipos diferentes de massa para uma única refeição (espaguete com molho à bolonhesa para meus filhos e linguini com brócolis e linguiça toscana para meu marido), ou marinar dois tipos diferentes de frango (sem osso e apimentado para meu filho e com osso e sem pimenta para minha filha e meu marido). Antes de continuar, também preciso ressaltar que meu marido é a pessoa mais atenciosa e despretensiosa que conheço, e ele divide igualmente as tarefas domésticas conosco. Ele também me conhece muito bem – lembre-se que ele sabia exatamente como se comunicar comigo sobre quatro tipos diferentes de vinho tinto. Quando nossa filha foi para a faculdade e ficamos com mais tempo livre, confesso que pensei que só precisaria cozinhar uma receita para o jantar a partir de então. Meu marido disse: "Sim, e o melhor é que nós dois gostamos de comer as mesmas coisas". Ri histericamente ao descobrir que meu marido, que sempre foi tão perspicaz sobre o que penso e sinto, pensava que eu preparava frango frito e linguiça toscana porque gostava de comer isso. Pelo contrário: poderia facilmente ser vegetariana e, se ninguém estiver em casa, meu jantar é sorvete de pistache e *blueberries*. Foi então que percebi que nunca tinha dito isso a ele! Para piorar as coisas, por mais de vinte e cinco anos me equivoquei acreditando que meu marido estava ciente dos "sacrifícios" que eu estava fazendo por ele.

Embora este exemplo, juntamente com os 24 experimentos, ilustre que não podemos acertar o que os outros pensam – como qual é a comida favorita de outra pessoa – apenas assumindo a perspectiva dessa pessoa ou tendo consideração por ela, é difícil desistir da ideia de que é possível de alguma maneira aprender a melhorar nossas suposições sobre o que os outros estão pensando. Na verdade, existem técnicas de psicoterapia que ensinam as pessoas a reavaliarem suas situações de maneira mais objetiva, não egocêntrica, a fim de modificar seus modos de pensamento destrutivos. Você também pode ter ouvido falar de programas de treinamento desenvolvidos para melhorar a inteligência emocional, como aprender a identificar melhor as emoções a partir das expressões faciais. Eles podem ser úteis.

Também sabemos que atores e escritores de ficção são excepcionalmente bons em adotar a perspectiva de outras pessoas, tendo sido treinados para desenvolver tais habilidades. Nem todos podem frequentar aulas de escrita criativa ou interpretação teatral, mas podemos pelo menos entender melhor os outros ao assistirmos peças de teatro ou lermos romances. Não seria isso nada mais do que enxergar o mundo a partir da perspectiva de outra pessoa?

Um estudo publicado na revista *Science* testou se leitura de livros de ficção pode ajudar a compreender melhor os pensamentos ou sentimentos dos outros. Os participantes leram alguns contos curtos (como *O Corredor* de Don DeLillo e *Blind Date* de Lydia Davis) e trechos de *best-sellers* recentes (como *Garota Exemplar* de Gillian Flynn e *Os Pecados da Mãe* de Danielle Steel). Em seguida, eles foram submetidos a tarefas de falsa crença e realizaram o teste "Reading the Mind in the Eyes" ["Lendo a Mente nos Olhos"]. Os pesquisadores verificaram melhorias significativas. Posteriormente, o estudo recebeu muita atenção e foi amplamente citado. Ao ler o artigo, achei difícil de acreditar, pois os participantes leram as histórias por um período curto. Se é tão fácil assim, por que ainda não alcançamos a paz mundial?

E, como foi constatado, o estudo não é replicável. Um estudo mais recente publicado na *Nature* avaliou a replicabilidade de experimentos de ciências sociais publicados nas revistas *Nature* e *Science* entre 2010 e 2015, incluindo este que acabei de descrever. Eles não encontraram evidências de melhoria nessas tarefas após a leitura de livros de ficção.

Ainda assim, e como expliquei anteriormente, os efeitos nulos são difíceis de medir. Uma possibilidade muito plausível é que o efeito da leitura de romances seja real, mas que exija muita leitura, ao longo de muitos anos. Pessoas em sociedades coletivistas são melhores em adivinhar o que os outros estão vivenciando devido a toda uma vida imersa na cultura. Do mesmo modo, técnicas de psicoterapia e treinamento em inteligência emocional exigem que os participantes realizem exercícios de maneira consistente por um longo período de tempo antes de verem melhorias. O mesmo acontece com atores e escritores de ficção: seu talento em adotar a perspectiva do leitor ou do público provavelmente é resultado de práticas prolongadas, bem como de muita orientação e *feedbacks* de outras pessoas.

O QUE REALMENTE FUNCIONA

Há algo muito concreto que todos nós podemos fazer para melhorar nossa capacidade de compreender a mente dos outros e transmitir nossos pensamentos com mais clareza. E trata-se de algo simples: apenas diga a eles o que você pensa em vez de dar espaço para que tentem adivinhar. Além disso, ao enviar mensagens de texto com piadas sarcásticas, adicione emojis como ¯_(ツ)_/¯ ou 😎.

Sim, articular nossos pensamentos às vezes pode parecer estranho e sem graça. Definitivamente não é legal ter de explicar para os outros que estamos só brincando. Mas seria muito mais sensato lembrarmos de como nos sentimos quando alguém estava batucando uma música para nós adivinharmos que música era. A ideia é perguntar: "Você gosta da minha camisa nova?" apenas se você estiver de fato curioso sobre a opinião do seu amigo sobre a camisa e se ainda houver tempo para devolvê-la caso se chegue à conclusão de que ela é horrível, em vez de uma declaração passivo-agressiva do tipo "você não repara em mim".

Da mesma maneira, pare de tentar ler a mente e os sentimentos das pessoas. Se você é uma pessoa compassiva e compreensiva, fica ainda mais difícil resistir à tentação de adivinhar os pensamentos dos outros. Mas muitos estudos deixaram claro o quão desastroso isso pode ser. A única maneira certa de saber o que os outros sabem, sentem, pensam ou no que acreditam é perguntando a eles. "Apenas pergunte" é o nome do vigésimo quinto experimento do artigo que descrevi anteriormente. Os participantes receberam uma lista de perguntas sobre seus parceiros. Um grupo foi instruído a adotar a perspectiva dos parceiros, o outro teve cinco minutos para fazer perguntas a eles antes de serem testados. Em comparação com o grupo de participantes que foi apenas instruído a adotar a perspectiva de seus parceiros, aquele que foi autorizado a perguntar teve um desempenho muito melhor. Essa demonstração pode parecer óbvia demais: é claro que nos damos bem em testes se sabemos as respostas corretas. Mas esse é precisamente o ponto. Você não pode acertar a menos que saiba os fatos.

Para entender com precisão o que outras pessoas sabem, sentem, pensam ou no que acreditam, é preciso obter a resposta diretamente delas. Se você não sabe ao certo o quão engraçadas ou ofensivas suas piadas sexistas são para seus amigos, não pode descobrir apenas colocando-se na posição deles. Como projetamos nosso próprio conhecimento e sentimentos nos outros, somos excessivamente confiantes e acreditamos saber o que pensam. Como resultado, não verificamos se nossas suposições estão corretas ou nos esquecemos de fazer isso. Reunir fatos é a única maneira de entendermos uns aos outros.

8

O PROBLEMA DAS RECOMPENSAS FUTURAS

Como nosso Eu do Presente não
Compreende nosso Eu do Futuro

Obtive meu doutorado em psicologia aos 25 anos, bem mais jovem do que a maioria dos graduados da minha área. Isso não aconteceu porque eu seja um gênio, mas porque precisava cumprir um prazo. Certamente, não havia planejado terminar o doutorado tão cedo quando cheguei aos Estados Unidos vindo da Coreia do Sul aos 21 anos para começar a pós-graduação. Ainda estava aprendendo a entender frases básicas da linguagem coloquial, e fiquei confusa quando minha colega de escritório deu risada quando respondi "um avião" à sua pergunta "O que te trouxe até aqui?"*. Meu plano de passar os típicos cinco ou seis anos para terminar meu doutorado foi abruptamente interrompido no início do meu quarto ano no programa, quando meu orientador decidiu se transferir para outra universidade. Na época, ele disse que me levaria junto com ele para a nova instituição como uma pesquisadora de pós-doutorado se

---

* Em inglês, é comum o uso da expressão "what brought you here", que literalmente significa "o que te trouxe até aqui?", para expressar a ideia de um questionamento a respeito dos interesses e razões que levaram a pessoa a se mudar para um determinado país ou cidade. (N. do P.)

eu conseguisse terminar minha dissertação até o final daquele ano. Era o emprego dos meus sonhos.

Sempre fui boa aluna, mas redigir uma dissertação de doutorado do zero em apenas um ano era um tremendo desafio e tive de estudar como uma louca para fazê-la, adiando qualquer possibilidade de diversão e prazer. Nenhum filme, nenhuma festa, nem mesmo uma cerveja. Estudei dezesseis horas por dia todos os dias e basicamente sobrevivi me alimentando de cereal matinal, leite e café. Mesmo depois desse ano, enfrentei muitos desafios e decepções. Estou contando tudo isso para provar que sou perfeitamente capaz de esperar por recompensas futuras.

Mas também sou a pessoa menos paciente que conheço. Respondo os e-mails dos alunos no mesmo milésimo em que os recebo e preciso de respostas imediatas quando perguntas surgem na minha mente. Quando tenho uma ideia empolgante de uma nova pesquisa para meu aluno de pós-graduação, envio uma mensagem de texto imediatamente para ele ou vou até seu escritório para lhe contar. E quando tenho um impulso para cortar meu cabelo, marco o primeiro horário disponível. Por mais que prefira ir ao meu cabelereiro favorito e lamente toda vez que outra pessoa estraga meu corte, não considero a opção de ter de esperar. Sou uma pessoa que exige resultados, respostas e recompensas imediatas.

RECOMPENSAS FUTURAS

Comecei esse capítulo com duas histórias que são contraditórias apenas em sua aparência, como explicarei em breve. Antes disso, quero mostrar como a maioria das pessoas é impaciente. Veja a seguir um teste típico para medir como não validamos recompensas futuras.

Você prefere receber US$ 340 agora ou US$ 340 daqui a seis meses? Esta é fácil. Todo mundo prefere US$ 340 agora.

Você prefere receber US$ 340 agora ou US$ 350 em seis meses? A maioria das pessoas ainda prefere a primeira opção.

Você prefere receber US$ 340 agora ou US$ 390 em seis meses? Em um experimento típico como este, a maioria dos participantes ainda prefere receber US$ 340 na hora em vez de esperar seis meses para receber US$ 50 a mais. Preferir US$ 340 agora a US$ 390 em seis meses pode parecer razoável, considerando a inflação, as taxas de juros ou as oportunidades de investimento. Ou seja, será que não seria mais sensato pegar o dinheiro agora e fazer algo com ele que pudesse gerar um retorno maior?

A resposta é não. Suponha que você receba US$ 340 agora e os coloque em um banco ou invista em ações. Supondo que a economia siga num ritmo normal, é provável que você termine com apenas pouco mais de US$ 340 depois de seis meses – US$ 10 ou US$ 15 a mais, no máximo. Para transformar US$ 340 em US$ 390 em seis meses, o retorno anual teria de ser de cerca de 30%. Isso é muito mais alto do que qualquer taxa de juros no mercado dos EUA.

Outro argumento bastante utilizado é que devemos pegar o dinheiro agora porque algo pode acontecer nos próximos seis meses. A pessoa que lhe ofereceu o dinheiro pode mudar de ideia ou morrer. Você também pode morrer. Ou uma guerra nuclear pode tornar o dinheiro em papel inútil, tendo como única função ser queimado para deixar você aquecido. Ou sua tia milionária pode falecer em menos de seis meses e deixar todo o dinheiro dela para você, tornando o valor extra de US$ 50 que você estava esperando irrelevante. Esses são exemplos altamente improváveis; o ponto é que somente em casos raros como esses esperar pelos US$ 390 por seis meses valeria menos do que pegar os US$ 340 na hora.

Vamos fazer mais um exercício para ilustrar como desconsideramos as recompensas futuras. Instadas a escolher entre receber US$ 20 agora ou US$ 30 daqui a um mês, a maioria das pessoas escolhe os US$ 20 agora. Mas se a escolha for entre receber US$ 20 dentro de doze meses ou US$ 30 em treze meses, sim, você adivinhou: a maioria das pessoas escolhe esperar mais um mês pelos US$ 10 extra. Quando comparamos essas duas situações de escolha, a irracionalidade nas decisões torna-se óbvia. Estamos falando exatamente das mesmas diferenças: US$ 10 e um mês. Não importa o valor de US$ 20 ou US$ 30 para uma pessoa: se ela escolheu US$ 20 na primeira situação, ela deve escolher US$ 20 na segunda. Mas a diferença de um mês no presente parece muito maior do que a diferença de um mês no futuro.

Claro, há um limite para esse fenômeno. Se a escolha for entre receber US$ 340 agora e US$ 340 mil daqui a seis meses, todo mundo pode esperar. E aí deve estar a explicação para eu ter considerado meu grau de doutorado e o subsequente emprego como pesquisadora de pós-doutorado muito mais valiosos do que qualquer gratificação imediata de ter uma vida social ou comer normalmente. Tenho certeza de que todos já tiveram experiências semelhantes e fizeram sacrifícios no presente por uma grande recompensa no futuro. Não estou afirmando aqui que as pessoas são incapazes de adiarem suas recompensas.

No entanto, tendemos a desvalorizar a utilidade de recompensas futuras com mais frequência do que seria justificável. Inúmeros experimentos em economia comportamental, como as situações de escolha que acabei de descrever, demonstram que não estamos dispostos a adiar nossas gratificações. Vamos agora considerar alguns exemplos reais que mostram como desvalorizamos de maneira irracional as recompensas futuras. Chamarei essa desvalorização das recompensas futuras de "desconto do atraso", assim como na economia comportamental.

Consideremos as mudanças climáticas. Quando separamos lixo para reciclagem, plantamos árvores para reduzir nossa pegada de carbono ou gastamos mais dinheiro para comprar um carro elétrico, não somos recompensados imediatamente com um ar mais limpo, a redução do nível dos oceanos ou ursos polares mais felizes. Leva anos e décadas para que possamos ver os benefícios. Alguns deles somente serão percebidos pelas gerações futuras. Mesmo sabendo que as recompensas futuras da redução da nossa pegada de carbono são inestimáveis, podemos não nos sentir suficientemente motivados para desligar nosso ar-condicionado ou gastar muito comprando painéis solares. Mas não fazer isso é o mesmo que a aceitar US$ 350 agora em vez de $350 bilhões várias décadas no futuro.

E, para todos nós, exceto para aqueles que de fato gostam de passar horas em uma esteira de corrida todos os dias e preferem comer salada e grãos – praticamente todas as coisas que sabemos que nos deixam saudáveis – como manter a promessa de Ano-Novo de fazer exercícios cinco vezes por semana ou parar na primeira taça de vinho – envolvem optar por recompensas futuras em vez de gratificações imediatas. Cada vez que cedemos à tentação, mostramos o quanto a segunda opção é mais tentadora do que a primeira.

A recompensa não precisa estar muito distante no futuro para que nossa força de vontade perca para qualquer guloseima ao alcance de nossas mãos. No fim de um dia longo e ruim você quer comer sua pizza favorita. Você conhece a pizzaria perto da sua casa e sabe que a entrega demora menos de meia hora. Se você esperar apenas trinta minutos, será recompensado com fatias quentes e deliciosas. Então, você vê um saco de batatas fritas no balcão e sabe que se comê-las vai estragar seu apetite e compreende que seria muito mais satisfatório esperar pela pizza. Mas você começa a beliscar e acaba se entupindo de batatas e irritado consigo mesmo.

A ideia de recompensa futura não se aplica apenas a coisas positivas que podemos receber, mas também a dores futuras, o que explica por que procrastinamos. Muitos de nós podem viver em total negação da existência de uma tarefa desagradável até apenas algumas horas antes do prazo ou mesmo após ele. A dor de uma tarefa tediosa no futuro parece de alguma maneira muito mais gerenciável do que a mesma dor acontecendo agora. Então, adiamos as coisas. Em uma tentativa de evitar que meus alunos procrastinassem seus trabalhos finais até a noite na véspera do prazo, pedi para que listassem os prós e contras de começar uma tarefa no limite do prazo. Eles deram todas as respostas "corretas" típicas sobre o que acontece de errado quando procrastinamos, como não poder ter certeza se não vai haver algum imprevisto e como tendemos a subestimar o tempo necessário para concluir uma tarefa. Mas eu estava mais interessada em como defenderiam a procrastinação. Alguns citaram um melhor desempenho:

Os diamantes são feitos sob pressão.

O estresse e a adrenalina causados pelo prazo apertado pode ter como resultado maior motivação.

É possível refletir melhor a respeito de suas ideias sobre a tarefa se esperar até o último momento.

Houve também argumentos a favor da eficiência:

Lei de Parkinson: o trabalho se expande para preencher o tempo disponível para sua conclusão.

Impede que a pessoa se prenda a detalhes ou ao perfeccionismo.

Não dá mais para procrastinar.

Uma das minhas afirmações favoritas racionalizava a procrastinação usando material que havíamos abordado em aula: "Quando você chega nesse ponto, não pode mais cometer a falácia do planejamento".

POR QUE NÃO CONSEGUIMOS ESPERAR E COMO APRENDER A FAZER ISSO

Apresento a seguir exemplos de como as pessoas desvalorizam as recompensas futuras de maneira irracional. Para evitar essas situações, precisamos considerar por que elas acontecem. Há mais de uma razão para isso. Apresentarei várias, cada uma delas acompanhada por uma maneira de combatê-la.

Falta de Autocontrole

Muitas vezes não somos capazes de esperar pelas recompensas porque não conseguimos controlar nossos impulsos. O cheiro de *bacon* quando estamos com fome pode nos fazer esquecer todos os benefícios de uma dieta saudável. Empenhar-se para começar agora um projeto que só está previsto para ser entregue em seis meses requer muito autocontrole quando há episódios da sua série favorita esperando para serem maratonados.

Um dos primeiros estudos sobre recompensas futuras e controle de impulsos, atualmente conhecido como teste do *marshmallow*, foi realizado na década de 1970 com crianças de 3 a 5 anos. As crianças recebiam um único *marshmallow* e eram avisadas que o pesquisador sairia da sala. Elas eram informadas também que poderiam comer o *marshmallow* imediatamente. Mas se esperassem o pesquisador voltar, ganhariam outro *marshmallow*. Se não conseguissem esperar, não receberiam o segundo *marshmallow*.

Os leitores podem assistir ao teste do *marshmallow* no YouTube, e garanto que isso deixará seu dia mais leve. As crianças são todas muito fofas e é divertido vê-las tentando resistir à tentação de devorar o *marshmallow*. Chegam a ficar vesgas olhando fixamente para o *marshmallow*. Algumas cheiram, outras tocam e lambem os dedos e algumas cutucam o doce como se quisessem ter certeza de que é real.

Como qualquer pessoa que já teve filhos ou uma relação de proximidade com crianças pode facilmente prever, o tempo que aguentam esperar varia muito. Alguns resistem por quinze ou vinte minutos, outros cedem muito mais rapidamente. Mas não é por isso que o teste do *marshmallow* se tornou tão famoso. Uma descoberta surpreendente surgiu mais de uma década mais tarde. Descobriu-se que o tempo que as crianças aguentavam esperar tinha relação com as pontuações verbais e quantitativas no SAT: quanto mais tempo uma criança era capaz de esperar pelo segundo *marshmallow* quando era pequena, melhor ela se saía no exame final do ensino médio norte-americano (alguns de vocês podem ter lido na mídia que um estudo subsequente desbancou o teste do *marshmallow*, mas isso não é totalmente verdadeiro. A correlação entre o tempo de espera e as pontuações no SAT naquele segundo estudo ainda eram positivas, embora menores, e esse estudo subsequente foi posteriormente criticado de modo muito convincente por várias questões metodológicas e conceituais).

Se quem sabe esperar recebe mais coisas positivas, como ajudar as crianças a resistirem às tentações da recompensa imediata? Essa pergunta foi o que motivou o estudo original do *marshmallow*. A maneira mais fácil foi esconder o *marshmallow* branco, fofo e açucarado da vista das crianças enquanto elas esperavam. Além disso, se as crianças tivessem um brinquedo para brincar ou fossem instruídas a pensar em algo alegre, o tempo de espera aumentava substancialmente, mesmo quando o *marshmallow* estava à vista.

218

O mesmo impulso irracional de escolher uma recompensa instantânea menor e a técnica para combatê-lo existe em toda a natureza. Distrações podem ajudar pombos a adiar uma gratificação. Caso queira saber como pesquisadores descobriram isso, apresento a seguir alguns detalhes. Os pesquisadores primeiro mantiveram os pombos com 80% da sua alimentação, o que os tornou altamente motivados para procurar comida. Os pombos aprenderam que se bicassem um botão localizado na parede frontal da gaiola exatamente no instante em que ele acendia, recebiam o grão "Kasha", o menos preferido, mas se esperassem de quinze a vinte segundos para dar a bicada, receberiam sua ração de grãos "mistos", o predileto deles. Pombos não são mais pacientes do que os seres humanos, e a maioria deles escolheu a recompensa imediata do grão Kasha em vez de ter de esperar pelos grãos mistos. É difícil para pombos esperarem enquanto não têm nada para fazer.

Mas os pombos conseguiam esperar se estivessem distraídos. Em outro experimento, havia um segundo botão, na parede oposta da gaiola, que acendia no início do teste, juntamente como o primeiro botão. Os pombos aprenderam que, se bicassem esse segundo botão vinte vezes, o que leva muito mais tempo e esforço do que bicar o primeiro botão apenas uma vez para obter o grão Kasha de imediato, seriam recompensados com grãos mistos. Descobriu-se que os pombos eram notavelmente melhores em esperar os quinze a vinte segundos por seu grão preferido se pudessem se distrair bicando o segundo botão durante este tempo.

Resistir à tentação imediata é difícil. Apreciar apenas um ou dois coquetéis ou taças de vinho durante um jantar pode requerer uma enorme quantidade de força de vontade. Ainda assim, se crianças e pombos podem conter sua tentação imediata com alguma distração, talvez nós adultos também possamos. Se você tomar uma bebida deliciosa não alcoólica será bem mais fácil resistir à tentação do que se ficar olhando fixamente para a bebida do seu parceiro durante todo o jantar.

Os Prejuízos da Incerteza

Nossos julgamentos envolvendo recompensas ou dores futuras podem se tornar irracionais porque temos dificuldade de pensar em meio à incerteza. Eu explicarei isso compartilhando um dos meus estudos favoritos. Embora não seja exatamente sobre gratificações futuras, ele demonstra de modo bastante convincente como o sentimento de incerteza pode confundir nossos julgamentos.

Foi solicitado a um grupo de estudantes que imaginassem que haviam sido aprovados em um exame muito difícil e concorrido. Na sequência, os pesquisadores pediram que imaginassem que haviam recebido a oferta de um pacote de férias no Havaí muito atraente a um preço excepcionalmente baixo, e que era válido apenas por um dia. Em seguida, foram apresentadas três opções: eles poderiam comprar o pacote, não comprá-lo ou pagar uma taxa de US$ 5 não reembolsável que estenderia o prazo para usufruírem do desconto. A maioria dos participantes optou por comprar o pacote de férias na hora. Isso fazia sentido, afinal haviam acabado de passar no exame, tinham algo a comemorar.

Outro grupo de estudantes foi apresentado às mesmas opções, exceto pelo fato de que foram instruídos a imaginar que foram reprovados no exame, e que teriam de fazer o exame novamente dentro de alguns meses. A maioria dos participantes desse grupo também quis comprar o pacote de férias imediatamente. Isso também fazia sentido: eles tinham dois meses para se preparar para o exame, então por que não ir ao Havaí para recarregar as energias?

Os resultados dos testes dos dois primeiros grupos estabeleceram que esses estudantes estavam de maneira geral propensos a comprar o pacote, independentemente da aprovação ou não no exame. Mas quando um terceiro grupo de estudantes, que ainda não havia sido informado sobre o desempenho no exame, recebeu a mesma oferta, a maioria disse que pagaria US$ 5 para tomar a decisão somente após receber o resultado. As pessoas mostraram-se dispostas a pagar mais para poder tomar uma decisão apenas quando a incerteza fosse removida – mesmo que tendessem a tomar a mesma decisão, independentemente do resultado no exame.

A incerteza sobre resultados futuros pode paralisar o processo de tomada de decisão. É difícil fazer qualquer coisa, até mesmo as coisas mais banais, enquanto aguardamos para saber se seremos aprovados em uma entrevista de emprego ou até um acordo comercial ser concluído. À medida que a data das eleições de 2020 ia se aproximando, eu comecei a achar muito difícil fazer qualquer coisa, incluindo trabalhar em um projeto que me comprometera a concluir até o final de novembro. Seguindo a ideia desse estudo do pacote de férias para o Havaí, pensava em cada um dos possíveis resultados. Se Trump for eleito, ainda terei de concluir esse projeto? Sim. Se Biden for eleito, ainda terei de concluir esse projeto? Sim. Isso permitiu que eu continuasse a trabalhar no projeto até mesmo no dia das eleições. Trabalhar acabou sendo um bom passatempo.

Embora tenha mantido a calma e continuado com meu projeto em meio à incerteza, estaria disposta a pagar não apenas US$ 5, mas um valor bem mais alto se houvesse uma maneira de descobrir antecipadamente os resultados das eleições. A maioria das pessoas quer reduzir as incertezas o máximo possível. Essa aversão à incerteza é normal, mas pode nos tornar irracionais quando nossas escolhas dependem de um resultado, como no caso das recompensas futuras.

Para entender melhor, vamos voltar à escolha de receber US$ 340 agora em vez de US$ 390 dentro de seis meses. Desconsiderando a questão puramente financeira, podemos perceber que se trata de uma escolha entre o certo e o incerto, pois o futuro é sempre incerto. Quem sabe o que pode acontecer daqui a seis meses? As preocupações relacionadas à possibilidade de não receber os US$ 390 são quase todas irracionais, como mencionei antes, e a probabilidade de qualquer uma delas acontecer é extremamente pequena. O problema, no entanto, é que mesmo quando sabemos que as probabilidades de, digamos, morrermos nos próximos seis meses serem ínfimas, elas parecem bem maiores quando comparadas com algo que de fato sabemos com certeza. Isso é chamado de efeito de certeza.

Há um fenômeno famoso na economia comportamental chamado de paradoxo de Allais, que ocorre devido ao viés da certeza. O nome foi escolhido em homenagem a Maurice Allais, que recebeu o Prêmio Nobel de economia em 1988. Allais era físico e economista, então precisamos falar sobre números, mas trata-se de valores monetários, que são mais fáceis de entender.

Veja como funciona. Considere a primeira situação. Você recebe duas ótimas opções de aposta e precisa escolher apenas uma:

Opção A: 100% de chance de ganhar US$ 1 milhão.

Opção B: 89% de chance de ganhar US$ 1 milhão, 10% de chance de ganhar US$ 5 milhões e 1% de chance de não ganhar nada.

Qual dessas opções você escolheria? Escolha uma delas sem pressa (mas não tente calcular os valores de acordo com o que já foi apresentado anteriormente neste livro. Siga seu instinto).

Eu com certeza escolheria A em vez de B. Um milhão de dólares é mais que o bastante. Ficaria feliz em aceitar a opção A e me aposentar. Se eu escolhesse a opção B e não ganhasse nada, me sentiria culpada pelo resto da vida. Parece não haver sentido em arriscar a opção B, mesmo com 10% de chance de ganhar US$ 5 milhões. A maioria das pessoas também escolhe A. A chance de 1% da aposta B de não ganhar nada em comparação com a chance de 0% da aposta A de não ganhar nada soa como uma ENORME diferença.

Considere agora uma segunda situação. Escolha entre uma das seguintes, menos incríveis, mas ainda boas opções:

> Opção X: 11% de chance de ganhar US$ 1 milhão e 89% de chance de não ganhar nada.
> Opção Y: 10% de chance de ganhar US$ 5 milhões e 90% de chance de não ganhar nada.

Dados os seguintes valores, a maioria das pessoas seleciona Y, assim como eu. Embora eu tenha dito que ficaria feliz com US$ 1 milhão, se a diferença na probabilidade de ganhar US$ 5 milhões contra a opção de ganhar US$ 1 milhão é de apenas 1%, por que não arriscar essa pequena probabilidade por US$ 4 milhões a mais?

Pare e pense por um minuto. Se você escolher A na primeira situação e Y na segunda situação, não estará sendo coerente.

Voltemos às apostas A e B. Para selecionar a melhor opção, uma pessoa racional deve cancelar o componente que é o mesmo entre as duas opções. Abaixo as duas opções são apresentadas de maneira um pouco diferente para facilitar esse cancelamento:

> Opção A: 89% de chance de ganhar US$ 1 milhão MAIS 11% de chance de ganhar US$ 1 milhão.
> Aposta B: 89% de chance de ganhar US$ 1 milhão, 10% de chance de ganhar US$ 5 milhões e 1% de chance de não ganhar nada.

Tanto A quanto B têm 89% de chance de ganhar US$ 1 milhão, então cancelamos esses valores. Por conseguinte, o que resta para essas duas opções, que chamaremos de A' e B', respectivamente, é:

Opção A': 11% de chance de ganhar US$ 1 milhão.
Opção B': 10% de chance de ganhar US$ 5 milhões.

Agora, qual você prefere, A' ou B'? Provavelmente B'. Observe, no entanto, que a escolha A' *versus* B' é idêntica à escolha X *versus* Y. Vou colocá-las aqui novamente:

Opção X: 11% de chance de ganhar US$ 1 milhão e 89% de chance de não ganhar nada.
Opção Y: 10% de chance de ganhar US$ 5 milhões e 90% de chance de não ganhar nada.

Como em X *versus* Y, a maioria das pessoas escolheria B'. Mas quando era A *versus* B, a maioria das pessoas optaria por A, comportando-se de maneira inconsistente e irracional. É por isso que o chamamos de "paradoxo".

A razão pela qual isso acontece é porque uma mesma diferença de 1% parece muito distinta quando estamos comparando 0% a 1% e 10% a 11%. Do ponto de vista matemático, são diferenças idênticas, mas do ponto de vista da psicologia, as tratamos de maneira completamente distinta, porque a primeira é a diferença entre algo que não vai acontecer *versus* alguma chance de que possa acontecer – ou seja, a diferença entre a certeza e a incerteza. Por outro lado, as chances de 10% e 11% parecem ser ambas chances muito pequenas e muito pouco diferentes uma da outra.

O paradoxo de Allais é preciso e bonito (pelo menos para mim), mas me soa artificial. Os economistas comportamentais tendem a discutir situações de escolha usando exemplos de jogos de azar, mas isso torna o fenômeno um pouco menos real. Por que alguém ofereceria a você uma opção que lhe dá 100% de chance de ganhar US$ 1 milhão? Isso nem sequer é um jogo de azar, e nada parecido vai acontecer na vida real. Apresento a seguir alguns exemplos de fatos reais que ocorreram durante a pandemia.

De acordo com as autoridades de saúde, até junho de 2021, a vacina Pfizer-BioNTech tinha 95% de eficácia contra casos graves ou hospitalizações causadas pela Covid-19, enquanto a vacina Moderna apresentava uma eficácia de 94%. Ouvi muitas reclamações, preocupações, argumentos e reações exageradas a respeito das vacinas contra a Covid-19, mas não vi ninguém reclamando da diferença de 1% na eficácia das duas vacinas. Eu tomei a vacina da Moderna. Embora tenha me incomodado ter de esperar quatro semanas para receber a segunda dose, frente às três semanas de intervalo da vacina da Pfizer (lembra o quão impaciente eu sou?), a diferença na eficácia não me incomodou nem um pouco. Hipoteticamente falando, se o governo decidisse que a vacina da Moderna seria gratuita, mas a da Pfizer custaria US$ 100 por causa da maior na eficácia, poucos pagariam por conta dessa diferença de 1%.

Mas se a vacina da Pfizer-BioNTech apresentasse 100% de eficácia e a da Moderna 99%, a situação seria um pouco diferente. Estaríamos falando de uma garantia de 100% de não contrair Covid-19 *versus* alguma chance de isso acontecer. Algumas pessoas poderiam pagar US$ 100 para serem vacinadas com a Pfizer-BioNTech. Esse é o efeito de certeza.

Sempre que lidamos com uma escolha que envolve recompensas futuras, há a possibilidade de que nossa preferência pela certeza (obtê-la agora) em relação à incerteza (obtê-la no futuro) seja um fator determinante. Não é fácil superar essa hipersensibilidade. Tenho ensinado o paradoxo de Allais e o efeito da certeza há trinta anos, mas sei que ele influenciaria minha decisão se me fossem apresentadas as opções que vimos anteriormente. A maioria das pessoas é avessa ao risco, então se não podemos correr riscos ou esperar por um ganho maior no futuro por causa de nossa ansiedade ou medo, uma solução óbvia seria aumentar nossa confiança quanto ao futuro.

Um estudo ilustra bem como isso pode ser feito. Participantes foram separados em dois grupos. Um grupo foi instruído a descrever situações em que eles não tinham poder; por exemplo, um momento em que seu chefe o fez trabalhar durante o fim de semana ou quando alguém foi obrigado a desistir de uma competição para a qual havia se preparado por causa de um tornozelo torcido. O segundo grupo de participantes foi instruído a descrever situações em que tinham poder. Uma participante poderia escrever sobre como foi ser capitã de uma equipe de esportes, com poder de decidir os planos de treinamento e o que todos comeriam nos jantares da equipe. Outro poderia lembrar-se de como foi ser gerente de uma loja, com o poder de atribuir tarefas aos funcionários. O estudo descobriu que aqueles que escreveram sobre a situação em que tinham poder estavam mais dispostos a esperar por recompensas melhores do que aqueles que se imaginaram em situações em que não tinham poder.

A pandemia deixou todo mundo ansioso e cheio de incertezas quanto ao futuro, e ainda estamos sentindo essa falta de controle. Mas mesmo quando não estamos lidando com um desastre épico, às vezes podemos nos sentir presos e impotentes. Para restaurar nossa fé no futuro, pode ser útil lembrarmos das vezes em que tivemos o poder de fazer a diferença em nossa própria vida ou na vida dos outros. Isso nos ajuda a fazer escolhas melhores, baseadas em fatos em vez de sentimentos como o medo.

Distância Psicológica

Outra explicação para desvalorizarmos coisas que acontecerão no futuro pode parecer óbvia: é porque o futuro simplesmente parece distante. Embora a explicação seja óbvia, a questão requer uma solução que não é nada simples.

Vamos usar a distância espacial como analogia para a diferença temporal. Quando há um incêndio na sua rua, mesmo que não haja perigo de que o fogo atinja sua casa, trata-se de algo ameaçador. Mas se houver um incêndio em outra cidade, talvez você não fique sabendo nem por meio da mídia. Veja um exemplo mais alegre. Se alguém com quem você estudou no ensino médio ganha um Oscar, você celebra e se sente orgulhoso, mesmo que não tenha nada a ver com isso. Mas se esse mesmo Oscar fosse ganho por alguém que você não conhecesse, vindo de outro país, dificilmente se importaria, a menos que fosse um fã desse artista. Sentimos uma falta de interesse semelhante em relação ao futuro e, como resultado, desvalorizamos suas recompensas ou dores.

Certa vez, fui convidada para dar uma palestra em Cambridge, no Reino Unido, em uma pequena conferência que aconteceria dali a seis meses. Eu tinha uma pequena cirurgia marcada para um mês antes da conferência, mas meu médico me disse que a maioria das pessoas que fazem essa cirurgia pode viajar dentro de um mês. Presumi que seria como a maioria das pessoas e que, mesmo que não fosse, a dor não seria insuportável, então aceitei o convite. Tudo, incluindo a possível dor que eu poderia sentir dali a cinco meses, parecia embaçado, nebuloso e distante. Então, logo após a cirurgia, percebi que teria de me preparar para a palestra enquanto ainda estava me recuperando e com dores. Quando aceitei o convite, seis meses antes do evento, havia me esquecido de considerar todos esses detalhes. Deveria ter pensado melhor: quando organizo uma conferência faço questão de convidar ótimos palestrantes com meses de antecedência, porque sei que quanto mais distante um evento, maior a probabilidade de aceitarem o convite. E foi assim que cai em uma armadilha conhecida.

Quando subestimamos o *tempo*, acabamos nos comprometendo demais com eventos futuros. Subestimamos muito os custos potenciais, as dores, os esforços e o tempo que os compromissos exigirão quando eles estão distantes no tempo. Não são apenas as dores de vários tipos que desvalorizamos quando estão temporalmente distantes, fazemos o mesmo com as recompensas. Vamos considerar mais uma vez as mudanças climáticas. Um estudo revelou que as pessoas preferem uma melhoria de vinte e um dias na qualidade do ar este ano a uma melhoria de trinta e cinco dias na qualidade do ar daqui a um ano. É fácil imaginar quanto nosso "eu" do presente pode desfrutar de ar fresco, mas é difícil imaginar quem será nosso futuro "eu" e qual será o valor do ar fresco para essa pessoa.

Será que há alguma coisa que podemos fazer para evitar as armadilhas da distância psicológica? Um método comprovadamente eficaz é pensar sobre eventos futuros com o máximo possível de detalhes específicos para fazer com que o futuro pareça mais real. E existem novas ferramentas interessantes que podem nos ajudar nisso.

Em um estudo, pesquisadores usaram a realidade virtual imersiva para ajudar jovens a se prepararem para seu futuro financeiro. Primeiro, foram criados avatares digitalizados dos universitários que participavam do experimento. Em seguida, alguns desses avatares foram alterados para que parecessem ter uma idade próxima à da aposentadoria. Descobriu-se que os estudantes cujos avatares foram progressivamente envelhecidos eram cerca de duas vezes mais propensos a alocar um ganho hipotético de US$ 1 mil para a aposentadoria do que aqueles que apenas viram seus avatares na mesma idade.

Muitos de nós não têm acesso a equipamentos sofisticados de realidade virtual, mas pode ajudar simplesmente imaginar eventos futuros positivos. Em um estudo, foram apresentadas aos participantes situações-padrão de escolha futura, em que uma recompensa menor então – digamos, €20 imediatamente – foi confrontada com a oferta de uma quantia maior em uma data posterior – digamos, €35, quarenta e cinco dias mais tarde. Mas antes de fazer suas escolhas, os participantes foram instruídos a listar os eventos que planejaram para os próximos sete meses. Por exemplo, Audrey disse que planejava tirar férias em Roma dali a quarenta e cinco dias. Então, quando foram fazer suas escolhas, entre as duas recompensas, a opção de receber a recompensa no futuro foi vinculada a esse evento. Então, avisaram Audrey que ela poderia receber €20 naquele momento, ou €35 daí a quarenta e cinco dias, com a palavra férias em Roma escrita abaixo da segunda opção. Lembrar as pessoas sobre eventos futuros planejados reduziu significativamente o desconto irracional de recompensas futuras e as encorajou a escolher pela gratificação num momento futuro.

Esse tipo de técnica se tornou fundamental no desenvolvimento de métodos para ajudar as pessoas a reduzir o uso de tabaco e álcool e o consumo de calorias. Em um estudo, mulheres com excesso de peso participaram de sessões experimentais vespertinas, programadas para ocorrer muito depois do horário do almoço, em um momento em que estariam com fome. Primeiro, foram estimuladas a pensar em alimentos que a maioria das pessoas considera deliciosos, como almôndegas, batatas fritas, linguiças, biscoitos e molhos, para desencadear a alimentação compulsiva. Em seguida, foi oferecido às participantes acesso ilimitado a esses alimentos por quinze minutos e foi solicitado que avaliassem o quão saborosos os pratos estavam. Durante o teste de degustação, metade das mulheres, escolhidas aleatoriamente, ficaram ouvindo gravações de áudio de suas próprias reflexões sobre coisas boas que poderiam acontecer com elas no futuro. A outra metade também ouviu uma gravação de áudio da própria voz, mas era sobre um blog de viagem de uma escritora lançado recentemente, que não tinha nada a ver com o futuro delas. Depois dos quinze minutos destinados à alimentação, a ingestão calórica de cada participante foi medida. Aquelas que estavam pensando no próprio futuro consumiram em média cerca de 800 calorias, enquanto aquelas que não pensaram consumiram cerca de 1.100.

PERSISTIR OU NÃO PERSISTIR

Comecei este capítulo explicando por que a propensão das pessoas para desconsiderar recompensas futuras pode ser irracional e discuti vários fatores que contribuem para isso para que possamos tentar superá-la. Antes de encerrar, quero acrescentar uma ressalva importante. Essa discussão talvez tenha deixado a impressão de que resistir às recompensas imediatas e se sacrificar pelo futuro é sempre uma coisa inequivocamente boa. A noção de que todos podem mudar para melhor e que o trabalho duro e a determinação são mais importantes do que o talento inato representa um pilar da psicologia popular atualmente. Há muitos livros de sucesso sobre pessoas famosas que, apesar de não mostrarem muito talento no início de suas carreiras, alcançaram grandes conquistas porque tinham força de vontade e persistiram apesar das dificuldades. Muitos programas, alguns deles financiados pelo governo, têm como objetivo desenvolver o caráter e melhorar o autocontrole para reduzir o abuso de drogas e álcool e a criminalidade. Eu aplaudo esses esforços.

Mas também temo que, quando levado a extremos, o foco unilateral no autocontrole possa ter efeitos negativos. Histórias de pessoas bem-sucedidas que se mantiveram firmes durante as dificuldades são sempre inspiradoras. Mas considerar apenas esses casos é um exemplo clássico de viés de confirmação, como explicado no Capítulo 2. Há também numerosos exemplos negativos, de pessoas que persistiram por anos a fio em vão. Parece-me que devemos moderar essa cultura de dar excessivo valor àqueles que vencem apesar das adversidades. Duas observações me fazem levantar este ponto.

Primeiro, há uma epidemia de ansiedade entre adolescentes e jovens adultos. De acordo com o Instituto Nacional de Saúde Mental, quase um terço dos adolescentes já teve um transtorno de ansiedade pelo menos uma vez na vida. A epidemia de ansiedade não é algo passageiro, ela está aumentando: ansiedade entre jovens de 18 a 25 anos aumentou de 8% em 2008 para 15% em 2018 (ou seja, mesmo antes da pandemia). Eu mesma pude perceber esse crescimento entre meus alunos. Alguns de meus alunos mais brilhantes apresentaram a síndrome de FOMO [do inglês, "Fear of Missing Out", ou "medo de ficar de fora"] – não de fora de coisas divertidas, mas da corrida sem-fim na busca pelo sucesso. Eu não era diferente. Comecei este capítulo com a história de como me desdobrei para terminar meu doutorado aos 25 anos de idade.

Mas há uma continuação para a minha história. Pouco depois de receber meu diploma de doutora, peguei o dinheiro que economizara com meu novo trabalho de pós-doutorado e fui a Paris pela primeira vez. Mesmo tendo de ficar em um quarto do tamanho de um armário em um hostel, tudo foi muito lindo e delicioso. Experimentei crepes e sopa de cebola e aprendi que não tem problema colocar o tanto de manteiga equivalente a uma fatia grossa de queijo em um sanduíche de "jambon" (presunto) em uma baguete. Mas o maior choque cultural para mim foi ver tantas pessoas tirando duas horas de almoço e bebendo vinho em dias úteis. Sempre pensei no almoço como um empecilho à produtividade, algo que você enfia goela abaixo em dez minutos enquanto olha para a tela de um computador ou lê uma reportagem.

Então, enquanto vagava pelos museus de Paris e olhava para pinturas que retratavam os costumes estranhos das pessoas que viveram há dois séculos ou mais, tive um pensamento. As pessoas retratadas nas pinturas que eu estava olhando pensavam que o divórcio deveria ser ilegal e que espartilhos eram peças indispensáveis para a alta moda feminina. O que será que consideramos como certo agora e que as gerações futuras acharão não apenas ridículo, mas errado?

Como havia acabado de receber meu doutorado, peguei-me refletindo se toda essa persistência, sacrifício e recompensas futuras haviam valido a pena. Durante aquele passeio ao museu, concluí que talvez a nossa disposição de viver para trabalhar seja algo que fará as pessoas rirem de nós no futuro. Por que criamos uma sociedade que não apenas obriga a maioria das pessoas a trabalhar para sobreviver, mas também faz com que até mesmo os mais privilegiados sintam que precisam trabalhar desesperadamente o tempo todo? Criamos uma mitologia que considera a necessidade de alcançar o topo da montanha, só porque ela está lá, como medida do valor humano, mas quando chegamos no alto dela, sempre há outra montanha e mais outra e outra. A maioria de nós passa a vida inteira lutando para conseguir estabilidade ou escalando montanha após montanha.

Na verdade, talvez não seja preciso esperar duzentos anos para que esse disparate de enfatizar o trabalho seja percebido. Muitos países europeus já compreendem isso. Países nórdicos como Dinamarca, Noruega e Finlândia estão no topo do mundo quando se trata de felicidade. A razão para isso é a educação e o sistema de saúde gratuitos para a população, o que lhes permite ter um melhor equilíbrio entre vida profissional e pessoal.

O excesso de autocontrole não apenas prejudica nossa saúde mental e felicidade, como também causa danos à nossa saúde física, principalmente entre aqueles com *status* socioeconômico inferior. Em um estudo, pesquisadores acompanharam durante vários anos um grupo de adolescentes afro-americanos provenientes de áreas desfavorecidas na zona rural da Geórgia e mediram os níveis de autocontrole desses adolescentes (devido aos resultados contraintuitivos que estou prestes a descrever, vale a pena explicar um pouco sobre a metodologia do estudo para os leitores mais céticos. Seus níveis de autocontrole foram avaliados por seus responsáveis e por meio de relatos deles próprios, nos quais os adolescentes responderam quanto concordavam com afirmações como: "Geralmente acompanho meu progresso em direção aos meus objetivos" e "Se eu quisesse mudar, tenho confiança de que poderia fazê-lo"). Como se pode facilmente imaginar, o nível de autocontrole desses adolescentes variou. Os pesquisadores descobriram que aqueles que apresentavam melhor autocontrole entre as idades de 17 e 19 anos registraram taxas mais baixas de abuso de substâncias e comportamento agressivo aos 22 anos de idade. Portanto, reforçaram os resultados que eram esperados, mostrando os benefícios típicos do autocontrole. Mas o estudo também relata uma descoberta surpreendente: quanto maior o autocontrole no meio da adolescência, maiores os sinais de envelhecimento das células imunológicas na vida adulta. Outro estudo também encontrou um padrão igualmente surpreendente: crianças de *status* socioeconômico baixo com melhor autocontrole apresentaram maiores riscos cardiovasculares (indicados por obesidade, pressão arterial e hormônios do estresse), apesar de apresentarem taxas mais baixas em comportamento agressivo e abuso de substâncias.

Por que isso aconteceu? Quando esses adolescentes mais desfavorecidos, mas disciplinados, começam a ter sucesso na escola e na vida, eles querem manter esse nível ou até mesmo melhorar. No entanto, por estarem inseridos em ambientes carentes, são bombardeados diariamente por desafios e dificuldades. Devido ao seu alto nível de autorregulação, lutam contra esses desafios em vez de desistir. É como estar em uma batalha interminável, por anos. Seu sistema hormonal libera hormônios de estresse de maneira contínua, acarretando possíveis prejuízos para saúde física deles.

Os efeitos prejudiciais do autocontrole excessivo não parecem estar limitados a crianças economicamente desfavorecidas. Em outro estudo, alunos universitários que não eram necessariamente desfavorecidos foram recrutados para participar de um experimento de psicologia em troca de créditos parciais do curso. Seu desejo pré-existente de ter autocontrole foi medido a partir de perguntas feitas a eles, como o quanto concordavam com afirmações como "Quero ter controle sobre meus sentimentos" e "Gostaria de ter melhor capacidade de mudar hábitos indesejados".

Em seguida, solicitaram aos participantes que copiassem alguns materiais. Para alguns deles, a tarefa era bastante simples, apenas uma questão de utilizar o teclado para copiar um parágrafo em sua língua nativa, que era o hebraico. Para os outros, a tarefa era bem mais complicada: eles tinham de copiar um parágrafo de um idioma estrangeiro, o inglês, digitando apenas com a mão não dominante, pulando a letra "e" e não usando a barra de espaço, de modo que "se uma mesa bagunçada é um sinal de uma mente bagunçada, então uma mesa vazia é um sinal de quê?" (Albert Einstein) seria copiado como: "sumamsabagunçadaumsinaldumamntgagunçada,ntãoumam savaziaumsinaldqu?" (uau, foi difícil digitar isso mesmo com as duas mãos e no idioma que eu uso todos os dias).

Agora, poderíamos achar que aqueles que valorizam de maneira fervorosa o autocontrole teriam melhor desempenho em ambas as tarefas, certo? Errado. Um forte desejo por autocontrole mostrou algum benefício nas tarefas mais simples, mas o oposto aconteceu com tarefas mais difíceis: aqueles com um alto desejo de autocontrole tiveram um desempenho pior do que aqueles com um baixo desejo.

Por que isso aconteceu? Porque a tarefa difícil exigia um nível extremo de autocontrole. As pessoas com um forte desejo de autocontrole rapidamente perceberam a lacuna entre sua aspiração (ou seja, ser perfeitos!) e seu desempenho real. Quando o objetivo pareceu inalcançável, eles se sentiram desencorajados. Como resultado, acabaram se esforçando menos e obtendo um desempenho pior do que poderiam ter.

Pergunto se algo assim pode explicar pelo menos em parte os níveis elevados de ansiedade entre os jovens. Aqueles em ambientes desfavorecidos sentem que precisam estar em constante evolução. Aqueles em ambientes privilegiados são cercados por estudantes excepcionais e constantemente expostos a postagens nas redes sociais em que outros anunciam seus melhores talentos e realizações, lembrando-os incessantemente do nível que "devem" atingir. A disparidade que sentem entre si mesmos e seus ideais pode fazer com que esses estudantes altamente autorregulados se esforcem demais, criando estresse, ansiedade e uma sensação de derrota.

Não é uma tarefa fácil saber quando persistir e quando desistir. Com isso em mente, lembro-me todos os dias de aproveitar o processo de fazer as coisas sem pular diretamente para os resultados. Ouço minha instrutora de yoga quando ela diz "respire" quando estou tentando fazer a postura do camelo, ajoelhada com minhas coxas perpendiculares ao chão, curvando minha coluna para trás para que meu peito fique voltado para o teto enquanto minhas mãos tentam agarrar meus calcanhares que ainda estão muito, muito longe. Como minha instrutora diz, a respiração deve ser o guia para o quanto você pode se esforçar: se você não consegue respirar facilmente, não faça a postura. Eu juro que esse conselho deve ter evitado inúmeras lesões, pois uma controladora como eu poderia ter facilmente se machucado. Talvez eu nunca seja capaz de fazer a postura do camelo, mas posso culpar meus braços curtos por isso. Ainda assim, gosto da sensação da minha coluna despertando e do sangue correndo para minha cabeça enquanto mantenho minha respiração.

Se o objetivo compensa o esforço, até a dor que o acompanha é boa – assim como a dor de um exercício bem-feito, um *hot pot* apimentado ou um refrigerante gelado que causa formigamento. Mas se você sentir que está se machucando para alcançar recompensas e a única coisa que você aproveita é o objetivo final e não o processo, provavelmente é hora de repensar – não apenas suas prioridades, mas também a maneira como você pensa sobre elas.

EPÍLOGO

Por que as pessoas querem pensar melhor? Uma resposta sincera que ouvi várias vezes é: "Porque quero ser o melhor da minha sala". Compreender a aversão à perda, por exemplo, pode ajudá-lo a criar estratégias de negócios ou investimentos que façam você tirar vantagem do medo de outras pessoas. Aprender que as pessoas elaboram interpretações extremamente diferentes para explicar o mesmo resultado de acordo com a ordem em que as informações lhes são apresentadas pode ser útil se o seu objetivo for manipular a opinião dos outros. Espero que você não use o livro para esses fins.

Há muito tempo me pergunto como a psicologia cognitiva pode tornar o mundo um lugar melhor. Enganar ou vencer os outros não é a melhor maneira de criar um mundo melhor. Portanto, vamos voltar e falar sobre como compreender os erros de pensamento pode tornar o mundo um lugar melhor. Acredito que um mundo melhor é um mundo mais justo e, para sermos justos, precisamos pensar de maneira imparcial.

Para começar, cada um de nós deve ser justo consigo mesmo. Não devemos ter baixa autoestima, o que ocorre quando buscamos seletivamente razões para perpetuar nossa insegurança (Capítulo 2) nem usar toda nossa energia criativa para conceber as piores interpretações possíveis para nossas desventuras (Capítulo 6). Também não é certo que sejamos confiantes demais, ignorando nossas limitações e nos colocando em situações com as quais não conseguimos lidar (Capítulo 1). As decisões que tomamos devem ser as mais imparciais, possíveis, e baseadas em princípios estatísticos e teorias de probabilidade, porque nos fornecem previsões mais precisas (Capítulo 4). Saber de que modo podemos cair nas armadilhas de histórias, enquadramento e aversão à perda permite que sejamos mais espertos que as pessoas que tentam nos superar explorando essas técnicas (Capítulo 5). Não estamos sendo justos conosco se não considerarmos nosso futuro, mas também é injusto sacrificar nosso presente pelo futuro (Capítulo 8).

Também devemos ser mais justos com os outros – e saber pensar, ter pensamentos menos tendenciosos, torna tudo mais justo. Se você quer afirmar que um grupo de pessoas é especial porque são boas em algo, não é suficiente mostrar que elas são boas naquela questão específica, porque outro grupo de pessoas também pode ser bom, ou até melhor, naquilo. Proporcionar oportunidades iguais a todos é a única maneira adequada de testar tal hipótese (Capítulo 2). Uma vez que percebemos que existem várias causas para um evento, podemos avaliar o mérito, bem como a culpa, de maneira mais justa (Capítulo 3). E o caminho para uma sociedade mais equitativa é muito mais direto quando perguntamos às pessoas do que elas precisam e o que querem em vez de presumir que já sabemos (Capítulo 7). Quando somos capazes de antecipar as deficiências dos outros, como a onipresente falácia do planejamento (Capítulo 1), e ter um Plano B em vigor, podemos ser mais pacientes com eles – especialmente com aqueles que não leram este livro!

Assim como acontece quando você compra uma nova calça *jeans* ou um novo par de sapatos, leva tempo para se acostumar com novas formas de pensar. Certamente não vamos e não podemos consertar tudo, mas também não custa nada usar um pouco mais de tempo, sozinho ou juntos, falando sobre como nos sentimos e compartilhando nossos pensamentos uns com os outros.

AGRADECIMENTOS

Em primeiro lugar, gostaria de agradecer a todos os psicólogos cognitivos cujo trabalho criou a base para este livro, especialmente aqueles cujos estudos citei. Em particular Daniel Kahneman e o falecido Amos Tversky; não há como agradecê-los o bastante; acredito que o mundo seria muito pior sem as pesquisas inovadoras deles.

Também agradeço a todos os alunos que fizeram meu curso de "Thinking" ["Pensando"]". A vontade e disposição de cada um para aprender e rir de si mesmos – de seus próprios erros – me inspiraram a passar mais de vinte horas por semana preparando palestras de três horas, procurando bons exemplos e anedotas mais atualizadas para mantê-los engajados nas aulas e com os ensinamentos mais frescos em suas mentes. Este livro não teria sido possível sem o entusiasmo deles. Gostaria de agradecer especialmente a Alicia Mazzurra, que fez o curso no outono de 2021, pelo subtítulo, em inglês, *How to Reason Better to Live Better*, deste livro.

Will Schwalbe, da Flatiron, um gênio na arte de contar histórias e um editor veterano, paciente, que com maestria me guiou pelos manuscritos. Ele tem o mais alto nível de "teoria da mente" que já testemunhei, entendendo claramente não apenas os desafios do escritor, mas também a perspectiva dos leitores. Gostei tanto de trabalhar com esse brilhante editor que cheguei a ficar triste quando o livro ficou pronto.

Jim Levine, meu agente literário, ajudou-me principalmente na fase inicial, quando o livro ainda era uma ideia. Sou grata a ele por ter insistido para que eu me debruçasse na teoria positiva de como melhorar pensamentos, em vez da parte negativa do nosso pensamento. Arthur Goldwag melhorou significativamente minha escrita, editando meu inglês não nativo, mas ao mesmo tempo mantendo meu estilo. Samantha Zukergood e Andrea Mosqueda, da editora, que trouxeram uma perspectiva mais jovem. Também agradeço a Bill Warhop, copidesque da Flatiron, por seu trabalho minucioso.

Minhas pesquisas apresentadas ao longo do livro teve apoio do Instituto Nacional de Saúde Mental e do Instituto Nacional de Pesquisa do Genoma Humano, além de uma generosa doação da Reboot Foundation.

Por fim, agradeço ao meu marido Marvin Chun. Quando eu era professora assistente em Yale, por volta de 1998, participei de um painel dedicado a professoras sobre como dar conta de tudo – carreira e família. Um palestrante disse que há apenas um jeito: encontre o marido certo. Felizmente, eu já tinha encontrado. Ao longo do nosso casamento, dividimos as tarefas domésticas, a criação dos filhos e o sobrenome deles. Ele sempre apoiou minha carreira, ficando verdadeiramente angustiado quando eu perdia a confiança em mim mesma. Como psicólogo cognitivo que ministrou durante anos um curso de muito sucesso "Introdução à Psicologia", examinou o primeiro rascunho de cada capítulo, fornecendo sugestões e críticas. Como marido, teve de conviver com meus altos e baixos, com todo o meu exibicionismo e lamentações enquanto escrevia este livro em nosso confinamento durante a pandemia. Obrigada por tudo.

NOTAS

1. A Ilusão da Fluência

19) **Um estudo sobre a ilusão da fluência que pode ocorrer quando estamos aprendendo novas habilidades:** Michael Kardas e Ed O'Brien. "Easier seen than done: Merely watching others perform can foster an illusion of skill acquisition", *Psychological Science* (2018).

22) **A maior disposição das pessoas a deduzir uma causa de uma correlação:** Woo-kyoung Ahn e Charles W. Kalish. "The role of mechanism beliefs in causal reasoning", *Explanation and Cognition* (2000): 199-225.

24) **Expectativas das pessoas quanto ao seu desempenho na bolsa de valores:** Adam L. Alter e Daniel M. Oppenheimer. "Predicting short-term stock fluctuations by using processing fluency", *Proceedings of the National Academy of Sciences* 103, nº 24 (2006): 9369-72.

25) **Isso faz com que as pessoas pensem que têm mais conhecimento do que de fato têm:** Matthew Fisher, Mariel K. Goddu e Frank C. Keil, "Searching for explanations: How the internet inflates estimates of internal knowledge", *Journal of Experimental Psychology*: General 144, nº 3 (2015): 674.

31) **Que falar a respeito do conhecimento pode reduzir nosso excesso de confiança:** Leonid Rozenblit e Frank Keil. "The misunderstood

limits of folk science: An illusion of explanatory depth", *Cognitive Science* 26, nº 5 (2002): 521-62.

33) **Um estudo demonstrou que avaliar suas convicções pode reduzir o extremismo político:** Philip M. Fernbach, Todd Rogers, Craig R. Fox e Steven A. Sloman. "Political extremism is supported by an illusion of understanding", *Psychological Science* 24, nº 6 (2013): 939-46.

36) **Um estudo que examinou a falácia do planejamento:** Roger Buehler e Dale Griffin. "Planning, personality, and prediction: The role of future focus in optimistic time predictions", *Organizational Behavior and Human Decision Processes* 92, nº 1-2 (2003): 80-90.

39-40) **Por estudos feitos com pássaros e ratos:** Stephanie M. Matheson, Lucy Asher e Melissa Bateson. "Larger, enriched cages are associated with 'optimistic' response biases in captive European starlings (*Sturnus vulgaris*)", *Applied Animal Behaviour Science* 109, nº 2-4 (2008): 374-83.

2. Viés de Confirmação

50) **No primeiro experimento de Wason com a tarefa:** Peter C. Wason. "On the failure to eliminate hypotheses in a conceptual task", *Quarterly Journal of Experimental Psychology* 12, nº 3 (1960): pp. 129-40.

55) **Uma das perguntas que uso foi extraída de:** Keith E. Stanovich, Richard F. West e Maggie E. Toplak. *The rationality quotient: Toward a test of rational thinking* (CITY: MIT Press, 2016).

58) **Mais de 26 milhões de pessoas:** A. Regalado. "More than 26 million people have taken an at-home ancestry test", *MIT Technology Review*, 11 de fevereiro de 2019, www.technologyreview.com/2019/02/11/103446/more-than-26-million-peoplehave.

59) **Entender a si mesmas à luz dos resultados dos testes genéticos:** Matthew S. Lebowitz e Woo-kyoung Ahn. "Testing positive for a genetic predisposition to depression magnifies retrospective memory for depressive symptoms", *Journal of Consulting and Clinical Psychology* 85, nº 11 (2017): 1052.

72) **O notório teste 2–4–6 quando ele foi formulado como ter de descobrir duas regras:** Ryan D. Tweney, Michael E. Doherty,

Winifred J. Worner, Daniel B. Pliske, Clifford R. Mynatt, Kimberly A. Gross e Daniel L. Arkkelin. "Strategies of rule discovery in an inference task", *Quarterly Journal of Experimental Psychology* 32, nº 1 (1980): 109-23.

73) **Os participantes de um estudo acabaram se classificando como significativamente mais infelizes:** Ziva Kunda, Geoffrey T. Fong, Rasyid Sanitioso e Emily Reber. "Directional questions direct self-conceptions", *Journal of Experimental Social Psychology* 29, nº 1 (1993): 63-86.

74) **Os pesquisadores que estudaram o efeito Mozart relataram:** Frances H. Rauscher, Gordon L. Shaw e Katherine N. Ky. "Music and spatial task performance." *Nature* 365, nº 6447 (1993): 611-611.

75) **Um estudo examinou se um desses vídeos que venderam tanto:** Judyf S. DeLoache, Cynthia Chiong, Kathleen Sherman, Nadia Islam, Mieke Vanderborght, Georgene L. Troseth, Gabrielle A. Strouse e Katherine O'Doherty. "Do babies learn from baby media?" *Psychological Science* 21, nº 11 (2010): 1570-157.

3. O Desafio da Atribuição Causal

79) **Se Wilson não tivesse contraído a gripe, não teria havido o Holocausto:** Para mais informações detalhadas, ver por exemplo John M. Barry. *The Great Influenza: The Story of the Deadliest Pandemic in History* (Nova York: Viking Press, 2004).

87) **Um estudo mostrou que, quando as pessoas recebiam um bônus monetário de curto prazo:** Liad Bareket-Bojmel, Guy Hochman e Dan Ariely. "It's (not) all about the Jacksons: Testing different types of short-term bonuses in the field", *Journal of Management* 43, nº 2 (2017): 534-54.

88) **Essa desconsideração injustificada tem consequências devastadoras na vida real:** Ilan Dar-Nimrod e Steven J. Heine. "Exposure to scientific theories affects women's math performance", *Science* 314, nº 5798 (2006): 435.

93) É **culpar mais as ações do que as omissões:** Daniel Kahneman e Amos Tversky. "The psychology of preferences", *Scientific American* 246, nº 1 (1982): 160-73.

95) **Para a maioria das pessoas, a ordem temporal importa**: Dale T. Miller e Saku Gunasegaram. "Temporal order and the perceived mutability of events: Implications for blame assignment", *Journal of Personality and Social Psychology* 59, nº 6 (1990): 1111.

98) **Nossa propensão a atribuir culpa:** Vittorio Girotto, Paolo Legrenzi, e Antonio Rizzo. "Event controllability in counterfactual thinking", *Acta Psychologica* 78, nº 1-3 (1991): 111-33.

99-100) **Ruminação de pensamentos pode causar depressão:** Sonja Lyubomirsky e Susan Nolen-Hoeksema. "Effects of self-focused rumination on negative thinking and interpersonal problem solving", *Journal of Personality and Social Psychology* 69, nº 1 (1995): 176-90.

101) **Ruminação nos impede de resolver nossos problemas de maneira eficaz.:** Susan Nolen-Hoeksema, Susan, Blair E. Wisco e Sonja Lyubomirsky. "Rethinking rumination", *Perspectives on Psychological Science* 3, nº 5 (2008): 400-24.

101) **Que demonstrou a eficácia de uma abordagem distanciada:** Ethan Kross, Ozlem Ayduk e Walter Mischel. "When asking 'why' does not hurt distinguishing rumination from reflective processing of negative emotions", *Psychological Science* 16, nº 9 (2005): 709-15.

102) **O autodistanciamento também gerou benefícios em longo prazo:** Ethan Kross e Ozlem Ayduk. "Facilitating adaptive emotional analysis: Distinguishing distanced-analysis of depressive experiences from immersed-analysis and distraction", *Personality and Social Psychology Bulletin* 34, nº 7 (2008): 924-38.

4. Os Perigos dos Exemplos

107) **A campanha fez com que as tentativas de abandono do vício aumentassem em 12%:** Tim McAfee, Kevin C. Davis, Robert L. Alexander Jr, Terry F. Pechacek e Rebecca Bunnell. "Effect of the first

federally funded US antismoking national media campaign", *The Lancet* 382, nº 9909 (2013): 2003-11.

110) **Um estudo usou universitários para obter *insights*:** Eugene Borgida e Richard E. Nisbett. "The differential impact of abstract vs. concrete information on decisions", *Journal of Applied Social Psychology* 7, nº 3 (1977): 258-71.

111) **Se tomassem conhecimento dessa falácia de raciocínio:** Deborah A. Small, George Loewenstein e Paul Slovic. "Sympathy and callousness: The impact of deliberative thought on donations to identifiable and statistical victims", *Organizational Behavior and Human Decision Processes* 102, nº 2 (2007): 143-53.

112) **Mostrou que há uma maneira de ajudar as pessoas a buscar mais dados:** Geoffrey T. Fong, David H. Krantz e Richard E. Nisbett. "The effects of statistical training on thinking about everyday problems", *Cognitive Psychology* 18, nº 3 (1986): 253-92.

124) **Em um estudo realizado no início dos anos 1980:** David M. Eddy, "Probabilistic reasoning in clinical medicine: Problems and opportunities", *Judgment under Uncertainty: Heuristics and Biases,* org. Daniel Kahneman, Paul Slovic e Amos Tversky (Cambridge: Cambridge University Press, 1982), 249-67.

125) **Aqui está como ele poderia ter feito isso usando sua própria equação:** Philip Dawid e Donald Gillies. "A Bayesian analysis of Hume's argument concerning miracles", *Philosophical Quarterly (1950-)* 39, nº 154 (1989): 57-65.

126) **Uso um relatório de 2017 do Escritório de Responsabilidade do Governo dos EUA (GAO – Government Accountability Office), órgão equivalente ao Tribunal de Contas da União brasileiro:** United States Government Accountability Office Report to Congressional Requesters. "Countering violent extremism: Actions needed to define strategy and assess progress of federal efforts" (GAO-17- 300I), abril de 2017, https://www.gao.gov/products/gao-17-300. Gostaria de agradecer à minha ex-aluna da graduação, Alexandra Otterstrom, por me indicar as fontes nas quais esta análise se baseia.

129) **Em um estudo que utilizou esses dois problemas:** Mary L. Gick e Keith J. Holyoak. "Schema induction and analogical transfer", *Cognitive Psychology* 15, nº 1 (1983): 1-38.

5. Viés Negativo

134) **O impacto de avaliações positivas e negativas nas vendas:** Geng Cui, Hon-Kwong Lui e Xiaoning Guo. "The effect of online consumer reviews on new product sales", *International Journal of Electronic Commerce* 17, nº 1 (2012): 39-58.

135) **Mas não. Como as pessoas dão mais peso ao comportamento negativo:** Susan T. Fiske. "Attention e weight in person perception: The impact of negative and extreme behavior", *Journal of Personality and Social Psychology* 38, nº 6 (1980): 889-906.

135) **Eventos negativos também afetam mais nossa vida do que eventos positivos:** Roy F. Baumeister, Ellen Bratslavsky, Catrin Finkenauer e Kathleen D. Vohs. "Bad is stronger than good", *Review of General Psychology* 5, nº 4 (2001): 323-70.

136) **Pesquisadores prepararam um hambúrguer:** Irwin P. Levin e Gary J. Gaeth. "How consumers are affected by the framing of attribute information before and after consuming the product", *Journal of Consumer Research* 15, nº 3 (1988): 374-78.

136) **Negatividade no contexto dos processos seletivos para o ensino superior:** Woo-kyoung Ahn, Sunnie S. Y. Kim, Kristen Kim e Peter K. McNally. "Which grades are better, A's and C's, or all B's? Effects of variability in grades on mock college admissions decisions", *Judgment & Decision Making* 16, nº 6 (2019): 696-710.

141) **Um dos artigos mais importantes para os estudos da economia comportamental:** Daniel Kahneman e Amos Tversky. "Prospect theory: An analysis of decision under risk", *Econometrica* 47, nº 2 (1979): 263-92.

144) **Os participantes foram instruídos a imaginar uma das duas situações que acabei de descrever:** C. Whan Park, Sung Youl Jun e Deborah J. MacInnis. "Choosing what I want versus rejecting what I do

not want: An application of decision framing to product option choice decisions", *Journal of Marketing Research* 37, nº 2 (2000): 187-202.

144) **Realizaram o que chamaram de "experimentos de campo":** Roland G. Fryer, Steven D. Levitt, John List e Sally Sadoff. *Enhancing the Efficacy of Teacher Incentives Through Loss Aversion: A Field Experiment*, No. w18237, National Bureau of Economic Research, 2012.

147) **Os alunos da graduação foram solicitados a escolher entre uma caneca:** Jack L. Knetsch. "The endowment effect and evidence of nonreversible indifference curves", *American Economic Review* 79, nº 5 (1989): 1277-84.

148) **Que a dor da perda é literalmente física::** C. Nathan DeWall, David S. Chester e Dylan S. White. "Can acetaminophen reduce the pain of decision-making?", *Journal of Experimental Social Psychology* 56 (2015): 117-20.

152) **Que pode literalmente ser uma questão de vida ou morte:** Barbara J. McNeil, Stephen G. Pauker, Harold C. Sox Jr. e Amos Tversky. "On the elicitation of preferences for alternative therapies", *New England Journal of Medicine* 306, nº 21 (1982): 1259-62.

152) **Também podemos tentar reformular as perguntas que fazemos a nós mesmos:** Eldar Shafir. "Choosing versus rejecting: Why some options are both better and worse than others", *Memory & Cognition* 21, nº 4 (1993): 546-56.

6. Interpretação Tendenciosa

157) **Bebês que dormiam com uma luz acesa:** Graham E. Quinn, Chai H. Shin, Maureen G. Maguire e Richard A. Stone. "Myopia and ambient lighting at night", *Nature* 399, nº 6732 (1999): 113-14.

157) **Como a CNN destacou:** "Night-light may lead to nearsightedness", CNN .com, 13 de maio de 1999, http://www.cnn.com/HEALTH/9905/12/children.lights/.

158) **Revisando o estudo anterior:** Karla Zadnik, Lisa A. Jones, Brett C. Irvin, Robert N. Kleinstein, Ruth E. Manny, Julie A. Shin e Donald O.

Mutti. "Myopia and ambient night-time lighting", *Nature* 404, nº 6774 (2000): 143-44.

158) **A CNN corrigiu sua reportagem anterior:** Ulysses Torassa. "Leave it on: Study says night lighting won't harm children's eyesight", CNN.com, 8 de março de 2000, https://www.cnn.com/2000/HEALTH/children/03/08/light.myopia.wmd/index.html.

159) **Essa crença é introjetada e fica difícil de ser alterada:** Eric G. Taylor e Woo-kyoung Ahn. "Causal imprinting in causal structure learning", *Cognitive Psychology* 65, nº 3 (2012): 381-413.

162) **O que acontece quando dois candidatos a um trabalho de pesquisa são idênticos:** Corinne A. Moss-Racusin, John F. Dovidio, Victoria L. Brescoll, Mark J. Graham e Jo Handelsman. "Science faculty's subtle gender biases favor male students", *Proceedings of the National Academy of Sciences* 109, nº 41 (2012): 16474-79.

163) **Os participantes... foram convidados a jogar um videogame:** Joshua Correll, Bernadette Park, Charles M. Judd e Bernd Wittenbrink. "The police officer's dilemma: Using ethnicity to disambiguate potentially threatening individuals", *Journal of Personality and Social Psychology* 83, nº 6 (2002): 1314-29.

165) **Um estudo seminal de 1979:** Charles G. Lord, Lee Ross e Mark R. Lepper. "Biased assimilation and attitude polarization: The effects of prior theories on subsequently considered evidence", *Journal of Personality and Social Psychology* 37, nº 11 (1979): 2098-109.

168) **Se indivíduos com diferentes níveis de habilidade de raciocínio quantitativo:** Dan M. Kahan, Ellen Peters, Erica Cantrell Dawson e Paul Slovic. "Motivated numeracy and enlightened self-government", *Behavioural Public Policy* 1, nº 1 (2017): 54-86.

175) **Mas será que as pessoas podem ver um objeto idêntico de duas maneiras opostas:** Jessecae K. Marsh e Woo-kyoung Ahn. "Spontaneous assimilation of continuous values and temporal information in causal induction", *Journal of Experimental Psychology: Learning, Memory, and Cognition* 35, nº 2 (2009): 334-52.

7. Os Perigos da Tomada de Perspectiva

187) **Participantes foram testados em suas habilidades para reconhecer o sarcasmo:** Justin Kruger, Nicholas Epley, Jason Parker e Zhi-Wen Ng. "Egocentrism over e-mail: Can we communicate as well as we think?", *Journal of Personality and Social Psychology* 89, nº 6 (2005): 925-36.

188) **Esse estudo utilizou frases ambíguas:** Kenneth Savitsky, Boaz Keysar, Nicholas Epley, Travis Carter e Ashley Swanson. "The closeness-communication bias: Increased egocentrism among friends versus strangers", *Journal of Experimental Social Psychology* 47, nº 1 (2011): 269-73.

190) **Mesmo estudantes universitários têm dificuldades semelhantes:** Susan A. J. Birch e Paul Bloom. "The curse of knowledge in reasoning about false beliefs", *Psychological Science* 18, nº 5 (2007): 382-86.

192) **120 músicas foram batucadas e apenas três pessoas conseguiram descobrir qual era a canção:** L. Newton. "Overconfidence in the communication of intent: Heard and unheard melodies" (dissertação de doutorado não publicada, Stanford University, 1990).

194) **Um exemplo desse fenômeno**: Stephen M. Garcia, Kimberlee Weaver e Patricia Chen. "The status signals paradox", *Social Psychological and Personality Science 10*, nº 5 (2019): 690-96.

195) **Pessoas esquecem de levar em consideração a perspectiva dos outros**: Shali Wu e Boaz Keysar. "The effect of culture on perspective taking", Psychological Science 18, nº 7 (2007): 600-06.

200) **Crianças nessa faixa etária podem aprender a entender crenças falsas:** Xiao Pan Ding, Henry M. Wellman, Yu Wang, Genyue Fu e Kang Lee. "Theory-of-mind training causes honest young children to lie", *Psychological Science* 26, nº 11 (2015): 1812-21.

202) **Vou ilustrar isso de maneira mais concreta:** Claire L. Adida, Adeline Lo e Melina R. Platas. "Perspective taking can promote short-term inclusionary behavior toward Syrian refugees", *Proceedings of the National Academy of Sciences* 115, nº 38 (2018): 9521-26.

204) **Uma equipe de três pesquisadores:** Tal Eyal, Mary Steffel e Nicholas Epley. "Perspective mistaking: Accurately understanding the mind of another requires getting perspective, not taking perspective", *Journal of Personality and Social Psychology* 114, nº 4 (2018): 547-71.

207) **Testou se leitura de livros de ficção pode ajudar a compreender melhor os**: David Comer Kidd e Emanuele Castano. "Reading literary fiction improves theory of mind", *Science* 342, nº 6156 (2013): 377-80.

208) **Avaliou a replicabilidade de experimentos de ciências sociais:** Colin F. Camerer, Anna Dreber, Felix Holzmeister, Teck-Hua Ho, Jürgen Huber, Magnus Johannesson, Michael Kirchler *et al.* "Evaluating the replicability of social science experiments in *Nature* and *Science* between 2010 and 2015", *Nature Human Behaviour* 2, nº. 9 (2018): 637-44.

8. O Problema das Recompensas Futuras

213) **A resposta é não.:** The discussion of irrationality of delay discounting is based on Jonathan Baron. *Thinking and deciding* (Cambridge: Cambridge University Press, 2000).

217) **Um dos primeiros estudos sobre recompensas futuras:** Walter Mischel, Ebbe B. Ebbesen e Antonette Raskoff Zeiss. "Cognitive and attentional mechanisms in delay of gratification", *Journal of Personality and Social Psychology* 21, nº 2 (1972): 204-18.

218) **Um estudo subsequente desbancou o teste do *marshmallow*:** Tyler W. Watts, Greg J. Duncan e Haonan Quan. "Revisiting the marshmallow test: A conceptual replication investigating links between early delay of gratification and later outcomes", *Psychological Science* 29, nº 7 (2018): 1159-77.

218) **Esse estudo subsequente foi posteriormente criticado de modo muito convincente:** See for example Armin Falk, Fabian Kosse e Pia Pinger. "Re-revisiting the marshmallow test: a direct comparison of studies by Shoda, Mischel, and Peake (1990) and Watts, Duncan, and Quan (2018)", *Psychological Science* 31, nº 1 (2020): 100-04.

219) **Distrações podem ajudar pombos a adiar uma gratificação:** James Grosch e Allen Neuringer. "Self-control in pigeons under the Mischel paradigm", *Journal of the Experimental Analysis of Behavior* 35, nº 1 (1981): 3-21.

220) **O sentimento de incerteza pode confundir nossos julgamentos:** Amos Tversky e Eldar Shafir. "The disjunction effect in choice under uncertainty", *Psychological Science* 3, nº 5 (1992): 305-10.

226) **Uma solução óbvia seria aumentar nossa confiança quanto ao futuro:** Priyanka D. Joshi e Nathanael J. Fast. "Power and reduced temporal discounting", *Psychological Science* 24, nº 4 (2013): 432-38.

228) **As pessoas preferem uma melhoria de vinte e um dias na qualidade do ar:** David J. Hardisty e Elke U. Weber. "Discounting future green: money versus the environment", *Journal of Experimental Psychology: General* 138, nº 3 (2009): 329-40.

228) **Pesquisadores usaram a realidade virtual:** Hal E. Hershfield, Daniel G. Goldstein, William F. Sharpe, Jesse Fox, Leo Yeykelis, Laura L. Carstensen e Jeremy N. Bailenson. "Increasing saving behavior through age-progressed renderings of the future self", *Journal of Marketing Research* 48, nº SPL (2011): S23-37.

228-229) **Pode ajudar simplesmente imaginar eventos futuros positivos:** Jan Peters e Christian Büchel. "Episodic future thinking reduces reward delay discounting through an enhancement of prefrontal-mediotemporal interactions", *Neuron* 66, nº 1 (2010): 138-48.

229) **Mulheres com excesso de peso participaram de sessões experimentais vespertinas, programadas:** T. O. Daniel, C. M. Stanton e L. H. Epstein. "The future is now: Reducing impulsivity and energy intake using episodic future thinking", *Psychological Science* 24, nº 11 (2013): 2339-42.

231) **A epidemia de ansiedade não é algo passageiro, ela está aumentando:** Renee D. Goodwin, Andrea H. Weinberger, June H. Kim, Melody Wu e Sandro Galea. "Trends in anxiety among adults in the United States, 2008-2018: Rapid increases among young adults", *Journal of Psychiatric Research* 130 (2020): 441-46.

232) **Como também causa danos à nossa saúde física:** Gregory E. Miller, Tianyi Yu, Edith Chen e Gene H. Brody. "Self-control forecasts better psychosocial outcomes but faster epigenetic aging in low-SES youth", *Proceedings of the National Academy of Sciences* 112, nº. 33 (2015): 10325-30.

232) **Pesquisadores acompanharam durante vários anos um grupo de adolescentes afro-americanos provenientes de áreas desfavorecidas:** Gene H. Brody, Tianyi Yu, Edith Chen, Gregory E. Miller, Steven M. Kogan e Steven R. H. Beach. "Is resilience only skin deep? Rural African Americans' socioeconomic status–related risk and competence in preadolescence and psychological adjustment and allostatic load at age 19", *Psychological Science* 24, nº 7 (2013): 1285-93.

234) **Alunos universitários que não eram necessariamente desfavorecidos foram recrutados para participar:** Liad Uziel e Roy F. Baumeister. "The self-control irony: Desire for self-control limits exertion of self-control in demanding settings", *Personality and Social Psychology Bulletin* 43, nº 5 (2017): 693-705.

ÍNDICE REMISSIVO

3D, 28-9, 30

Academia Nacional de Ciências, 64, 72

ação, 93-5

ações, nomes das, 24-5

advertências sobre tabaco, 107-08

Allais, Maurice, 222

ansiedade social, 57-8

Anúncio de água Evian, 51-2

atribuição causal, 79-80

  ação, 81-2, 93-5

  controlabilidade, 82, 97-9

  heurística de anormalidade, 81, 91-3

  heurística de similaridade, 81, 82-5

  necessidade, 81, 90-1

  pensando demais e, 99-103

  pistas comuns de causalidade, 80-99

recência, 82, 95-7

ruminação e, 99-103

suficiência, 81, 85-9

autocontrole, 217-20, 230-36

  Ver também *recompensas futuras*

autodisciplina, 138-40, 233-34

autodistanciamento, 101-02

autoestima, 55-6

Avaliações da Amazon, 134-35

avaliações do curso, 110

avarentos cognitivos, 68

aversão à perda, 140-47, 151, 155-56

Bayes, Thomas, 122-23

Bibby, Mike, 73

Borg, Bjorn, 74

botões de fechamento da porta do elevador, 52-3

"Boy with Luv" (BTS), 17-9

Brady, Tom, 114

BTS (Bangtan Boys), 17-9

carne moída, magreza de, 136

ciência de dados, 109-27

  lei dos grandes números, 109-13

  regressão à média, 113-20

  Teorema de Bayes, 120-27

Colbert, Stephen, 110

compras de Natal, 36-8

comunicação. *Veja* tomada de

  perspectiva

conhecimento

  efeito de fluência e ilusão de, 21-3

  tomada de perspectiva e, 189-93

controlabilidade, 82, 97-9

controle de armas, 170-72

Corbett, Kizzmekia, 66

crime, 164-66, 170-72

crimes de ódio, 120-21

culturas coletivistas, 198-99, 207-08

culturas individualistas, 197-99

dançando, 17-20, 31

desconsiderando

  causal, 85-9

  temporal, 212-17, 227-31

desordem do armário, 155-56

diagnóstico errado, 12, 45-7, 51, 57

diagnóstico incorreto de anorexia,

  45-7, 51, 57

diferenças de gênero

em matemática e ciências, 64-7,

  72, 87-9, 162-63

  pagar, 162

  pedidos de emprego e, 162-63

  viés de confirmação de, 63-8, 72,

  87-9

distância psicológica, 227-30

distanciando

  a distância psicológica, 227-30

  autodistanciamento, 101-02

economia comportamental, 140-48

Efeito "Baby Jessica", 112

efeito acima da média, 17-8

efeito de dotação, 147-49, 154-56

efeito de enquadramento, 143-44,

  152-54, 155-56

efeito de fluência

  definição de, 19

  ensaiando e, 31-2

  entrevista de emprego e, 32-3

  estratégias contrativas, 31-4

  extremismo político e, 33-4

  falácia de planejamento e, 35-9

  ilusão de aquisição de habilidades,

  19-21

  ilusão de conhecimento, 21-3

  ilusão decorrente de algo irrelevante,

  23-5

  metacognição, 27-8, 30

  natureza adaptativa de, 26-30

  otimismo e, 39-41

remodelação de casas e, 42-3

efeito de vítima identificável, 111-12

Efeito Mozart, 74-5

emoticons, 208-09

ensaio, 31-2

entrevistas de emprego, 32-3, 117-20

Epstein, Jeffrey, 98

estereótipos, 13, 66, 162

estudo de helicóptero, 32-4

excesso de confiança, 17-8, 19, 25, 29-39, 186, 193, 209-10, 237-39

Veja também o efeito de fluência

exemplos e histórias

custos de, 106-09

lei dos grandes números e, 109-13

regressão à média e, 113-20

teorema de Bayes e, 120-27

uso eficaz de, 128-31

experimentos de campo, 144

falácia do planejamento, 35-9, 217, 238

falar em público e apresentações, 20-1, 30, 31, 32-3

Fauci, Anthony, 66

felicidade e infelicidade, 12-3

otimismo e, 39-41

Veja também depressão

viés de confirmação e, 72-3

fita adesiva, 21

fome mundial, 94, 110-12

Gauquelin, Michel, 22-3

Gene BRCA1, 62

generalizações, 109, 113

George IV da Inglaterra, 54

Google, 76

Graham, Barney, 66

gratificação atrasada, 211-12

autocontrole e, 217-20

custos de, 230-36

desconto por atraso, 212-17

distância psicológica e, 227-30

estratégias contrativas, 217-30

incerteza e, 220-26

hábitos, 75, 181, 220, 234

Hawking, Stephen, 141

Hawkins, Max, 76

heurística, 82-99

ação, 93-5

controlabilidade, 82, 97-9

da similaridade, 81, 82-5

de anormalidade, 91-3

de disponibilidade, 127

de familiaridade, 27-8

de recência, 82, 95-7

necessidade, 81, 90-1

suficiência, 81, 85-9

histórias. Veja exemplos e histórias

Hitler, Adolf, 79-80, 81-2

Holocausto, 79-82, 83, 102

Houston, Whitney, 20

Hume, David, 103, 123, 125

ilusão da aquisição, 19-21

Ilusão Ponzo, 29-30

ilusões visuais, 28-30

Imagem & Ação 191-93

incerteza, gratificação atrasada e, 220-26

inteligência efeito Mozart, 74-5

interpretações tendenciosas da

  depressão e, 162

  ruminação e, 99-100

  trauma e, 135

  testes genéticos e, 58-63

interpretações tendenciosas, 157-60

  crime e, 164-66, 170-72

  culpa e, 161

  difusão de, 160-64

  estratégias contrativas, 180-83

  estudo de miopia/luz noturna e, 157-66

  fatores motivacionais, 173-74

  numerosidade e, 165-72

  papel útil de, 173-79

introversão-extroversão, 63, 73

intuição, 41, 123, 203-04

investimentos, financeiros, 143

Islamofobia, 120-21, 125-26, 130-31

Jackson, Michael, 19-20

Jansen, Kathrin, 66

jogo de degustação de vinhos, 185-86, 193

Jolie, Angelina, 62

Jordan, Michael, 95

Juramento de Fidelidade, 174

justiça, 237-38

Kahneman, Daniel, 28, 127, 141-42

Kariko, Katalin, 66

Kennedy, John F., assassinato de, 23

Kondo, Maria, 155

K-pop, 17-9

lançamento de moeda, 95-6

Lebowitz, Matt, 59

lei dos grandes números, 109-13

liderança

  efeito acima da média de, 17

  viés de confirmação e, 55-6

luzes noturnas, miopia e, 157-60

mamografias, 122-23, 124-125

Marsh, Jessecae, 175-78

médias de notas (GPAs), 55-6, 136-40

medicina popular, 84

mente aberta, 63

mercado de ações, 24-5, 30

metacognição, 27-8, 30

mídias sociais, 108, 235

miopia, luzes noturnas e, 157-60

Monroe, Marilyn, 91

mudanças climáticas, 13, 33, 67, 83, 94, 109-10, 215, 228

necessidade, 81, 90-1

Nolen-Hoeksema, Susan, 99-100

Oswald, Harvey, 23

otimismo, 39-41
  cego, 40-1
  realista, 40-1

Pandemia de Covid-19, 46
  ansiedade e, 231
  desenvolvimento de vacinas, 66
  efeito de certeza e, 225-26
  eficácia das vacinas, 225
  em culturas coletivistas, 198-99
  exemplo de cientista de viés de confirmação, 65-6
  heurística de similaridade e, 84
  histórias de, 107, 108
  interpretações tendenciosas e, 165, 183
  otimismo cego e, 40-1
pandemia de gripe de 1918, 79-80, 81-2, 83, 102
pandemia. *Veja* pandemia de Covid-19
Paradoxo de Allais, 222-26
paradoxo do sinal de *status*, 194-95

Parton, Dolly, 20

passeio lunar, 19-20, 28

pensamento positivo, 35-6, 41

pensando demais, 99-103

Pensando" (curso), 13-4, 17-9, 45

perfil étnico, 13, 121, 126-27

perspectiva linear, 29-30

políticas de admissão em faculdades, 136-40

político
  controle de armas e, 170-72
  extremismo, 33-4
  refugiados e, 202-03
população, estatística, 113
preconceito, 13, 127, 180, 182-83
Prêmio Nobel, 28, 66, 68-9, 141, 193, 222
Prêmio Troland, 64, 72
Primeira Guerra Mundial, 79, 80
probabilidade, 121-28
processamento de cima para baixo, 173-80
programa de incentivo para professores, 144-45, 146
projetos de construção, 35, 39
"Prospect Theory: An Analysis of Decision Under Risk ["Teoria da Perspectiva: uma análise da decisão sob incerteza"] (Kahneman e Tversky), 141, 142
psicopatas, 202

QAnon, 23, 30
QI, 74-5

Racial/raça
discriminação com base em, 66-7, 183
julgamentos instantâneos baseados em, 172
violência baseada na, 163-64
racismo, 94, 163, 173
refugiados, 202-03
regra "mas para", 90
regra do "crânio em casca de ovo", 90
regressão à média, 113-20
reformando minha casa, 42-3
rituais, 74
ruminação, 99-103

sangria, 54-5
sarcasmo, 186-89, 200
satisfação e maximizador, 68-9, 133
Segunda Guerra Mundial, 81
semáforos, 160-61, 173, 180
setembro de 2001, 11 de, 2001, 120-26
Sharapova, Maria, 114
Simon, Herbert, 68
"Sports Illustrated, feitiço da capa da," 114, 116, 131
Stanovich, Keith, 55

suficiência, 81, 85-90
Summers, Larry, 88

TED Talks, 20-1
tempos de voo da companhia aérea, 135
Teorema de Bayes, 120-27
teoria cognitiva da mente, 202-03
teoria da mente, 190, 202
teoria emocional da mente, 202
teorias da conspiração, 23, 35
terapia cognitivo-comportamental, 181
terrorismo, 120-26
Teste "Lendo a Mente nos Olhos", 205, 208
Teste de DNA, 58-63
teste de *marshmallow*, 217-18
teste genético, 58-63
The Cosmic Clocks: From Astrology to a Modern Science, 22-23
The Rationalality Quotient: Toward a Test of Rational Thinking (Stanovich, West e Toplak), 55-6
Thinking, Fast and Slow (Kahneman), 28
TI (tecnologia da informação), 35-6
tomada de perspectiva, 185-86
comunicação e, 186-89
conhecimento e, 189-93

estratégias contraativas, 199-203,
208-10

ficção literária e, 207-08

jogo de degustação de vinhos e,
185-86, 193

limites e custos de, 203-08

negligenciar a consideração das
perspectivas dos outros, 194-99

paradoxo do sinal de *status* e,
194-95

Toplak, Maggie, 55-6

traços de personalidade, 22-3, 62-3,
68, 73

transcrições do correio de voz,
174-75

Tratado de Versalhes, 79-80, 81

Trump, Donald, 23

Türeci, Özlem, 66

Tversky, Amós, 127, 141-42

Uma Linda Mulher (filme), 37

Universidade de Illinois, Urbana-
Champaign, 11-2

Universidade de Yale, 12, 17, 21, 53,
61, 99, 119, 137, 175

vendas de carros, 143-44

vida social e interações sociais, 63,
68-9, 72-3, 153, 200, 214

viés de confirmação, 45-7

custos de, 56-67

custos para a sociedade, 64-7

custos para indivíduos, 57-63

disparidade de gênero em
matemática e ciências, 64-7,
72, 87-9

estratégias contrativas, 69-77

exemplo de "*spray* monstro"
de Halloween, 53-4

exemplo de anúncio de água
Evian, 51-2

exemplo de botão de fechamento
de porta de elevador, 52-3

exemplo de diagnóstico incorreto
de anorexia, 45-7, 51, 57

exemplo de sangria, 54-5

exemplo de teste de autoestima e
liderança, 55-6

Experimento 2–4–6 de Wason,
47-51, 55, 56, 58, 64, 69-72,
75-6

natureza adaptativa de, 67-9

satisfatório como razão para, 67-9

testes genéticos e, 58-63

viés de negatividade, 133-34

admissões em faculdades e,
136-40

aversão à perda e, 140-49

custos de, 151-56

efeito de dotação e, 147-49,
153-56

efeito de enquadramento e,
143-44, 151-54, 155-56

escolhas erradas e, 151-52

exemplos de, 134-49

papel útil de, 149-51

violência armada, 92, 163-64

violência policial, 13, 163-64, 205

Washington, George, 54

Wason, Peter C., 47-50

carreira de, 50

Experimento 2–4–6, 47-51, 55, 56, 57-8, 65, 69-72, 75-6

West, Richard, 55-6

Williams, Serena, 114

Wilson, Woodrow, 79-80, 81-2, 83, 102